米朝首脳会談後の世界

北朝鮮の核・ミサイル問題にどう臨むか

柳澤協二
太田昌克
冨澤暉
今村弘子
編●自衛隊を活かす会

かもがわ出版

はじめに

「6・12後の世界」——米朝首脳会談後、そんな言葉がメディアに現れるようになりました。それ以前とそれ以降では、世界そのものが変わるのではないかという観測を含んだ言葉です。もちろん、現実がそう簡単でないことは誰もが分かっており、北朝鮮の核・ミサイル問題の行方は、これからも前進と後退を繰り返すことでしょう。

しかし、戦後七〇年以上にわたって鋭く対立してきた米朝の首脳が、しかも対立の根本にある問題の解決で合意したというだけで、世界は変化する可能性があるのだと感じます。その動きをただ外から論評するだけではなく、少しでも前に進めるため、誰もが何らかのことをしなければならないと思います。

「自衛隊を活かす会」（代表＝柳澤協二）は、二〇一四年の結成以来、現行憲法下での自衛隊のあり方を探り、活かすため、自衛隊幹部や安全保障の研究者などのご協力を得て、いろいろな分野でシンポジウムなどを開催してきました。北朝鮮の核・ミサイル問題をどう捉え、どう解決するかは、そのなかでも重要なテーマの一つであり、二〇一七年一二月末、四人の報告者をお招きしてシンポジウムを開きました。

その四人とは、総理官邸で安全保障・危機管理を担当してきた柳澤協二氏、日本で核問題といえばこの人という第一人者の太田昌克氏、防衛の現場を陸上自衛隊のトップとして担ってきた冨澤暉氏、経済分野からのアプローチが不可欠として登場していただいた今村弘子氏。いずれも北朝鮮の核・ミサイル問題を語る上で欠かせない論者です。

その内容をもとに出版しようとしたところ、突如として米朝首脳会談の開催が決まり、会談の新しい到達をふまえたものにすることが求められました。そのため、会談の結果を待って仕上げたのが本書です。

もちろん、年末のそれぞれの報告がもとになっています。しかし当然のことですが、会談の結果をふまえ、大幅に書き改められています。改められていない場合もありますが、それには合理的な理由があります。米中首脳会談の開催は予想外の事態でしたが、著者は誰もが問題の平和的解決を望んできましたし、同時に解決の困難さも自覚しています。その点では、昨年末の報告の内容が時代に遅れるようなものにはならず、「6・12後の世界」にも通用するものだったということでしょう。

本書の出版を機に、大きな議論が巻き起こっていくことを期待します。

自衛隊を活かす会（正式名称「自衛隊を活かす：21世紀の憲法と防衛を考える会」）事務局長・松竹伸幸

目次　米朝首脳会談後の世界──北朝鮮の核・ミサイル問題にどう臨むか

I

米朝首脳会談の結果を実らせる道はどこにあるのか

柳澤協二

●米朝首脳会談の結果をどう見るか

本年（二〇一八年）六月一二日、初の米朝首脳会談が行われました。ここでは、トランプ氏と金正恩氏が世界のメディアに向かって「歴史的な和解」を印象付けようとしていました。両首脳は、両国の敵対関係を終わらせるとともに、アメリカが北朝鮮の体制を保証し、北朝鮮が完全な非核化を進めることを相互に約束しました。

一方、いかにして核廃棄を進めるかという手順については、両首脳の合意では触れられず、アメリカが主張してきたＣＶＩＤ（完全かつ検証可能で不可逆的な非核化）に言及していないことから、様々な憶測や批判があります。確かに、これまでの北朝鮮の核をめぐる交渉の過程では、北朝鮮が検証に応じず、ひそかに核開発を継続していた実態もあります。

それゆえに、ＣＶＩＤによる核の放棄が実現するまでいかなる報償も与えるべきではないというのが、この問題に関わってきた専門家の共通認識でもありました。しかしそれでも、米朝両国の首脳が、体制保証と核放棄という双方の核心的要求を認め合った意味は大きいと言うべきです。これまでとは両者の本気度が違う、それゆえ交渉の構造もトップダウンに変えるというのが、トランプ氏が自任する「交渉のプロ」としての「賭け」なのでしょう。

今回の合意は、米朝両国のリーダーが、目標を明確に述べてサインしたことに意味があります。ＣＶＩＤであろうが段階的核放棄であろうが、大事なことは核放棄という目標を達成することだ、という断固たるメッセージがそこにあります。そのためには手順の前後など気にしないということです。

従来、その手順に苦労してきた実務者には耐えがたいことかもしれません。あるいは、北朝鮮を威嚇し、抑止することに自らの存在意義をかけてきた軍人や外交官には、軍事演習の中断や在韓米軍の縮小といった「聖域」に関わることまで思い付きで決められてはかなわない、という気持ちがあるかもしれません。

しかし、「そんなことは枝葉だ」とばかりに切り捨てるトランプ氏の姿勢は、力強く、小気味よいものでした。それは、「相手に約束を守らせるためには圧力が必要なはず」という、これまで安全保障のプロたちが当然と考えてきた前提そのものを疑ってかかれ、というメッセージでもあります。

もちろん、北朝鮮の体制による深刻な人権侵害を放置していいはずはありません。しかし外交とは、願望の表明ではなく妥協の実現です。我々は、北朝鮮の人権抑圧体制を許すことはできませんが、核放棄という目標を優先するならば、それを一気に解決しようとしてはいけないのです。

双方の実務者は、抵抗するでしょう。アメリカの武力で守られてきたと考えている日本や韓国の安全保障専門家も、反対するかも知れません。人は、自分の思考の前提を否定することができないからです。しかし、当事国であるアメリカのトップが目標を設定した以上、交渉を壊す理屈は山ほどあっても、交渉を継続せざるを得なくなります。それが、権力とリーダーシップのダイナミズムというものです。したがって、これからのカギは、トランプ氏がいかにブレずに核放棄優先の姿勢を貫くかにかかっています。

私は、トランプ氏のアメリカ第一主義は世界に対立を広げる哲学であるとして、その政治姿勢に反対ですが、この問題については、是非今の姿勢を貫いてほしいと応援します。これは、トランプ氏自身が理解しているか否かに関わらず、国家間の対立を戦争によらず、妥協によって解決する試みだからです。

北朝鮮核問題の本質は、北朝鮮がアメリカに滅ぼされる恐怖から、アメリカを抑止するための手段を追求しているところにあります。基本的には、米朝の敵対関係の問題なのです。その敵対関係は、朝鮮戦争が未だ終わっていないことから生じています。したがって、これを解消するには、韓国、中国を交えた戦争参加国四か国による戦争の終結が不可欠となります。

その上で、日本、ロシアなど周辺の関係国を加え、安定した北東アジアの国家関係の構築や核廃絶のための協力が必要になります。日朝の国交樹立も、その重要な構成要素となります。そして、国交の前提として、北朝鮮による国家犯罪である拉致問題を決着させなければなりません。

そのなかで、誰が損をして誰が得をするかといった議論が出てくるかもしれません。少なくとも日本は、多くの経済的負担を求められることになるはずです。その時、アメリカに言われたから出すのかとか、北朝鮮に儲けさせていいのかといった感情的反発も出てくるでしょう。

しかし、戦争に至るような国家対立のない安定した北東アジアをつくるためであれば、負担を惜しむべきではないと思います。それが、日本の確かな安全と経済的チャンスを生み出す大本になるからです。ミサイル防衛やアメリカからの兵器購入に巨額の国費を投じるよりも、はるかに生きた金の使い方になると思います。

大切なことは、米朝首脳の和解宣言につながるプロセスを頓挫させないように、関係国に世論の圧力を加えることだと思います。この対話プロセスが破たんすれば、待ち構えているものは、出口のない戦争の恐怖、さらには、拉致問題の解決のチャンスが失われることです。

以下は、昨年末の段階での議論を中心にまとめた論考を基礎にしたものですが、今後のプロセスを監視するためにも、これまでの経緯と政府の対応を振り返り、問題の本質を考えておく必要があると思います。

●「戦争が嫌だから戦争する」は答えではなかった

米朝会談の開催など予想もされていなかった二〇一七年は、北朝鮮の核・ミサイル開発に翻弄された一年でした。北朝鮮への圧力外交が手詰まり感を深める中、世界が対話を求める一方、当事者であるアメリカ政府の姿勢は混乱の様相を深めていました。日本では、政府のJアラートに合わせて堅固な建物への避難が奨励され、各地で避難訓練が行われます。国民の中には、戦争への不安とともに、展望が見えない状況に対し、早くこの「生殺し」のような閉塞感から解放されたい心情が募っているように思われました。戦後七〇年余のなかで、日本人が初めて、本当に戦争は避けられないのではないかと、戦争の不安を実感していたのです。

不安という心理は、心配すべきことが何であるのか、その実態と、対処の仕方が分からないことから生じます。不安から解放されたいという欲求は理性を押しのけ、単純な答えを求めがちです。けれども単純な答えは、人生の経験にてらせば、ほとんどの場合、間違っています。

日本人の不安は、北朝鮮からミサイルが飛んでくることへの恐怖から生まれていました。北朝鮮からミサイルが飛んで来たらどうなるのか、政府が奨励するように「堅固な建物」に逃げこむにしても、堅固な建物があるのは都市部しかありません。田舎の人はどうするのか。野良仕事をしていたり、高速道路を走っていたら、また新幹線に乗っていたりしたら、逃げようもありません。

こういう場合、「それならいっそ、北朝鮮をやっつけてしまえ」、「力こそが大事だ」という単純な答えが出てきがちです。実際に昨年、そういう世論が形成されました。

しかし「やっつける」とはどういうことでしょうか。それは、まぎれもなく戦争するということです。ですからこの答えは結局、「戦争が嫌だから戦争をしてしまえ」というものでしかありませんでした。戦争というのは、容易なことではありません。敵も抵抗するのですから、少なくとも、こちらもやられることを覚悟しなければなりません。戦争の不安を払しょくするために「やっつけてしまえ」と考えるのは、答えになっていなかったのです。やはり我々は軍事、戦争というものをきちんと理解した上で、何をどう恐れるのかということを考えなければいけなかったのです。

日本政府は、アメリカとの政治的・軍事的一体化で圧力を強化し、万一戦争になった場合に備えてミサイル防衛体制の増強と、敵基地攻撃能力を持った新たな巡航ミサイルの導入を進めてきました。それが抑止力となって戦争を起こさせないことにつながるという考えがあるからです。

確かに北朝鮮の能力は、一九九三年にＮＰＴ（核拡散防止条約）からの脱退を宣言し、核開発を公言した当時と比べて格段に進化しています。当時、アメリカは武力行使を検討していたと言われていますが、日本にとっては「周辺事態」であって、日本に直接の脅威を及ぼすものとは認識されませんでした。

一九九八年に中距離ミサイル・テポドンを発射して以来、北朝鮮のミサイルが日本全土を射程に収めていることが明らかになりました。二〇〇六年一〇月の核実験を皮切りに核開発を進めた結果、核弾頭も実戦で使用可能な段階に入ったといわれています。北朝鮮の目的が何であれ、日本に到達する核ミサイルを持つことになったのです。そこで、こうした「力」には「力」で対抗しなければならないという発想が生まれてきます。この発想に立てば、北朝鮮の能力が向上すればするほど、こちらも力を増強しなければならなくなります。ミサイルの恐怖があるからといってミサイル防衛や、敵基地攻撃能力をもって対抗すると、相手はさらにミサイルを増強します。しかし、その相互作用の繰り返しによって、ミサイルの恐怖が除去されることはないのです。

●抑止力は安全を保障するか？

「北朝鮮がミサイルを発射した場合、万一撃ち漏らした場合に報復してくれるのはアメリカである。それを確実なものと相手が認識しなければ、冒険主義に走るおそれがある」――。安倍晋三首相は、昨年二月一四日の衆議院予算委員会でこのような趣旨の答弁をしました。

ここで述べられていることは、報復の抑止力の考え方です。すなわち首相の論理は、ミサイル防衛システムによる迎撃が万全ではないことを前提として、日本に着弾すればアメリカが報復して北朝鮮を攻撃し、それによって北朝鮮が滅亡することになるから、そのアメリカの報復が確実であると認識する限り、北朝鮮があえて日本を攻撃することはないだろう、というものでした。

この論理が成り立つためには、二つの「確からしさ」がカギとなります。第一に、アメリカに報復する意志があること、第二に、北朝鮮がそれを恐れて攻撃しないと判断することです。これらは確からしいと見えるかもしれません。けれどいずれも、日本以外の当事者の「意志」に関わることですから、日本がどんな決心をしたところで、それに左右されることではありません。それなのに、その確からしさに一点の「ゆらぎ」もないと言えるのでしょうか。

アメリカの報復の意志は、なぜ確からしいと思われるのか。それは、同盟国である日本が攻撃されて黙っているわけにはいかない「はず」だからです。ただし、報復が北朝鮮を滅亡させるような規模で行われるかどうかについては、状況次第というほかはありません。まして、北朝鮮がアメリカ本土に到達する核能力を獲得したとすれば、アメリカは自分の本土の都市が一つ火の海になることを甘んじてまで「日本のために」報復すると考えるわけにはいきません。

北朝鮮の意志について言えば、アメリカから報復されることを恐れるというのではなく、報復されても耐えられる、という意志を持つかもしれません。あるいは、アメリカの軍事圧力に恐怖を感じるがゆえに、先に攻撃しなければやられてしまうと考えるかもしれません。アメリカから報復されるとしても、北朝鮮の全土を壊滅させるような報復にならず、いくつかの核施設をやっつけるぐらいだ、体制に影響しないと考えれば、北朝鮮は従わないかもしれません。だから、実は確からしさは一〇〇％ではない。論理的にはそうならざるを得ないのです。

結局、日本へのミサイル攻撃に対するアメリカの報復（これが核兵器の使用である場合には「核の傘」）が抑止力であるという発想は、論理的に常に成り立つわけではないことが分かります。戦争は誤算によって始まるのであり、戦争が始まれば、敵対行動は合理的な反撃の程度を超えて過剰になるのです。

抑止とは、戦争となればいずれかが確実に勝つ（他方は必ず負ける）という認識を、敵と共有することによって成り立つ概念です。首相の言う「ミサイルを撃ち漏らした場合」とは、それが日本に着弾しているということであって、搭載しているのが核であったとすれば、アメリカの報復によって最後は戦争に勝ったとしても、三度核兵器による被爆を体験することになる日本にとっていかなる意味があるのでしょうか。

●ミサイルからの安全とは何か？

飛んでくるのが爆撃機であれば、機体の周辺で迎撃弾を爆発させ、飛び散る破片によって撃ち落とすことができます。一方、弾道ミサイルの場合には、最終的には音速の五～二〇倍の速度で落下する小さな弾頭に直接迎撃弾を命中させて破壊しなければなりません。迎撃システムの処理能力を上回る多くの弾道ミサイルを同時に撃たれた場合には、相当数は迎撃できないと考えなければなりません。現状では、弾道ミサイルを一〇〇％撃ち落とすことは不可能です。

弾道ミサイルは、防げない兵器であるがゆえに、アメリカのように大規模な打撃力を持たない小国が頼りがちな武器となっています。そのミサイルに搭載可能な小型化された核弾頭を持てば、アメリカと敵対する小国は、アメリカに対する抑止力を持つことができると考えています。

発射された弾道ミサイルを一〇〇％防げなければ、発射される前に破壊するという発想が生まれます。いわゆる「敵基地攻撃能力」です。この場合の敵基地とは、ミサイル発射間際の移動式発射機を指すことになりますが、衛星からの情報で位置を特定できたとしても、こちらが攻撃する巡航ミサイルや戦闘機が到達する間にすでに発射が完了しているでしょう。また、仮に発射に間に合ったとしても、数百に上る数の発射機すべてをつぶせない以上、残ったミサイルが発射されることになります。敵基地攻撃は、ミサイルを防ぐという目的のためにはあまり意味がないのです。

そればかりではありません。日本が敵基地攻撃能力を保有すれば、周辺国は、それをミサイル発射台破壊専用の攻撃能力とは受け止めません。それは日本が、本来軍事施設向けの弾道ミサイルを、原発や東京に向けられていると受け止めるのと同じことです。その結果、相手は日本を（アメリカにくわえて）攻撃対象とする動機を持つことになり、日本の安全保障環境を一層悪化させる副作用があるのです。

いずれにせよ、迎撃も発射前の破壊も一〇〇％の効果を期待できないために、安倍首相答弁に言うところの「撃たれた場合の報復」が意味を持つことになります。しかしそれは、日本に核弾頭を搭載したミサイルが着弾し、被害を被っていることを前提とした報復ですから、「ミサイルからの安全」という目的を果たしたことにはならないわけです。

そこで、日本には二つの選択肢が生まれます。一つは、ミサイルが飛んできても戦争に勝つ、それによって相手の戦争の意図を挫く抑止力を高めるという選択です。安倍首相が進んできたのはこの選択肢であり、アメリカと一体化することによって、報復力を確かなものにしようとしてきました。アメリカに見捨てられないためにどんどん一体化の道を探ってきたわけですが、そうすればするほど、万が一の場合、ミサイル数発の着弾を覚悟することが必要になります。これは、戦勝の戦略であり、安全の戦略とは言えません。見捨てられないために戦争に巻き込まれる戦略なのです。

●能力を防げないなら意志を防ぐ

そうならば、ここで発想を変える必要があるのではないでしょうか。そこで生まれるのがもう一つの選択です。それは、ミサイルが飛んでこないようにすることを最優先課題とする選択です。そのためには相手がミサイルを撃つ動機をなくさなければなりません。

北朝鮮がミサイルを撃つ動機は何か。日朝間に戦争しなければならないほどの固有の紛争要因があるわけではありません。戦争の動機は、むしろ米朝間にあるのです。北朝鮮が日本にミサイルを撃つとすれば、それは、日本の米軍基地から発進する戦闘機が自分を破壊することを恐れるからです。それゆえ、北朝鮮が抱くアメリカへの恐怖を緩和することがミサイル攻撃の動機を減らす方法となるのは、理の当然なのです。

これは、戦勝の戦略ではなく妥協の戦略です。在日米軍を含む米軍の存在を北朝鮮への圧力とする戦略を見直す必要があります。こうした大きな戦略の変更には、アメリカとの調整が必要ですし、日本の政策決定者が同意するのは簡単ではありません。しかし、日本人が恐れるミサイルの恐怖の本質が日朝ではなく米朝の対立関係にある以上、ミサイルからの安全を求めるのであれば、困難であっても戦略的な検討課題にするしかないのです。このことを考えても、日本が独自の戦略を持たなければならないと改めて思います。

もう一度整理しましょう。ミサイルを撃たれる数を減らし、撃たれても着弾する数を減らすのが敵基地攻撃とミサイル防衛の役割です。それでも被害をゼロにすることはできないから、報復の脅しでミサイルを撃つ意志を封じ込めようとする報復の戦略が構想されます。それでもなお、意志を完全に封じ込めることができるという「確からしさ」は、先に述べたとおり完ぺきではありません。すなわち、ミサイルからの安全は保証されていない。そうであるからこそ、ミサイルに対する避難の措置が必要になるのです。

そして、こうした抑止＝戦勝の戦略によって、仮にミサイル攻撃を防ぐことができたとしても、それは、相手の戦争の動機を防ぐことにはなりません。戦争の動機を防げなければ、抑止の確からしさの計算は、誤算によって破たんする危険をたえず内包しています。

北朝鮮の脅威を深刻に受け止めるのであれば、こうした戦略の欠陥を放置してよいはずはありません。それゆえ、相手がミサイルを撃つ戦争の動機をなくす「妥協の戦略」が求められるのです。そのためには、北朝鮮に対する「安心供与」が必要です。「こういうことをしなければ攻撃されないんだよ」という安心供与です。そういう中で、米朝の緊張緩和――日朝の緊張緩和ではなく――を実現するということが、日本にミサイルが飛んでくる恐怖を和らげる最大のやり方なのではないでしょうか。

米朝首脳会談は、そういう発想転換ができるようになったことを示唆しています。

●アメリカは戦争するか？

アメリカを中心とした経済制裁と軍事圧力にもかかわらず、北朝鮮の核・ミサイル開発は止まりませんでした。北朝鮮は、昨年九月の核実験ですでに広島型を上回る威力の核爆発を実現していいます。ミサイル開発では、昨年五月にはグアムに届くミサイルを発射し、同一一月にはアメリカ東海岸に到達すると言われるＩＣＢＭ級の発射を行っています。

一方アメリカは、複数の空母機動部隊を日本海に出して演習を行い、平壌を空爆可能なＢ１爆撃機を北朝鮮東海岸沖に飛ばし、核搭載可能なＢ52爆撃機を使った演習を行うなど、軍事圧力を強めてきました。

こうした軍事行動は、いわゆる「抑止」を目標としたものではありません。その目標は、「このまま核・ミサイル開発を続けるならばいつでも戦争する」意志があることを示して、いわば恫喝によって北朝鮮の核・ミサイル開発の意志を止めさせようとしたものです。一方、北朝鮮は、アメリカからの戦争の脅しが強まれば強まるほど、「アメリカ本土に届く核ミサイル」を持たなければならないと思ってきました。これまでのところ、軍事的圧力は、実現すべき目標に対してむしろ逆効果になってきたのです。

抑止は、一般に相手に戦争の意志がある場合に、それを止めるという意味で消極的な目標を持っています。他方、昨年アメリカが行っていた一連の軍事行動は、戦争の威嚇によって相手の意志を変更させるという積極的な効果を狙っているので、抑止というより強要（恫喝外交）と言うべきものです。

だから「けしからぬ」ということではなく、この種の手段は、なかなか成功しないものだということを指摘したいのです。日本の場合、自衛隊が米軍と一体化して威嚇的行動をとれば、憲法九条が禁止する「国際紛争解決の手段としての武力による威嚇」に当たる可能性がありますが、それはここでは問いません。

北朝鮮の意志は、戦争によってアメリカや日本の意志を変えさせようということではなく、自分が核とミサイル能力を持つという消極的なものにすぎませんでした。戦争でも外交でも、相手の意志を変える目標を持つ側（この場合はアメリカ）こそが、積極的に行動することを迫られます。相手（この場合は北朝鮮）は、ただ自分の目標を守るだけでよいのです。こういう争いは、容易に勝てないものです。

相手の意志を変えようとするには、強制と妥協という二つの方法があります。強制の究極の姿が戦争です。軍事的な恫喝は、その性質上、「戦争の確からしさ」がなければ効果を持ちません。そこで、アメリカによる核施設への限定攻撃や、北朝鮮指導部の暗殺を目的とするいわゆる斬首作戦の可能性が取りざたされることになります。しかし、戦争というのは、国家の存亡をかけた行為であるとともに、最も錯誤の多い行為でもあります。戦争で思った通りの結果を得ることはあり得ないという前提に立って考えなければ、すべての戦争は失敗に終わります。アメリカといえども例外ではありません。

戦争を決意するには、三つの条件が必要になります。一つは、勝つ見込みがあることです。アメリカが勝つことは間違いないので、この条件はクリアしています。二つ目は、こちらの損害が受け入れ可能な範囲にとどまることです。アメリカについて言えば、軍隊の損害はおそらく軽微なものでしょうが、韓国や日本は戦域になりますから、そこにいる自国民の安全を守れるのか、さらに、相手の反撃によって「ソウルが火の海になる」、あるいは「日本の原発にミサイルが命中する」といった被害に耐えられるのかという課題があります。

三つ目に、最も重要なことは、戦争の結果、そこに核を放棄した安定的な秩序が成立する見通しがなければならないということです。実際にアメリカからの攻撃を受ければ、限定的であったとしても北朝鮮の体制は支持を失って崩壊するかもしれません。まして指導部を暗殺すれば、北朝鮮は統治を失った混沌とした状況になります。誰がそれを立て直すのか。戦争の困難さは、「勝って終わり」ではないことから生じるのです。

つまり、武力で体制を潰すことはできると思いますが、体制を潰したあとはどうするのですかということです。統治を失ってしまった二〇〇〇万人の北朝鮮の人民をどうやって管理するのか。核の管理も含めて、とにかく大混乱になってしまう。イラクでもアメリカはそこで失敗しているわけですから、この条件が出てこないと、アメリカといえども戦争に踏み切ることはできないだろうと私は予測してきました。

実際、これらの見通しが立たないがゆえに、アメリカは戦争できませんでした。戦争できないとすれば、戦争の恫喝が成功することはありえないのです。それが、物事の道理というものでしょう。それにもかかわらず、これまでアメリカは軍事圧力をかけ続けてきました。軍事圧力は、相手に効かなければエスカレートせざるを得ません。やがて相手が戦争の恐怖を感じた場合には、こちらにその気がなくても相手が攻撃する可能性が生まれます。米朝をめぐる偶発的戦争の危険は、そこに内在してきたのです。

●北朝鮮核問題の解決とは何か?

軍事的圧力によって北朝鮮の意志を変えることはできず、戦争という究極の強制もできないとすれば、残された道は妥協しかありませんでした。これも物事の道理です。

けれども妥協というのが実は難しい。双方が外交的敗北とならないラインを合意しなければならないからです。それは、この問題ではどこにあったのでしょうか。

　北朝鮮のラインは明白です。金正恩の支配体制の保証ということです。これまでそれはアメリカにとっては難しいと考えられてきました。なぜかと言えば、そんな政権を支えるということになればアメリカの外交的敗北になって、政権が持たないということになるからでした。そこをどうやったら外交的敗北にならないようにするかということをめぐって、これまでいろいろ水面下での交渉があったのだと思います。

　一方、アメリカの立場には、いくつかの要素があります。アメリカ自身の安全を考えた場合、アメリカ本土を脅かす核・ミサイルを許さないという立場を優先させるかも知れません。そうやってアメリカが交渉を始めてしまうと、日本にとって非常に厄介な問題が出てくるでしょう。核を持った隣国が新たに出てくるということです。

　世界秩序を主導する国としてのメンツを考えた場合、アメリカは、五大国による核の独占体制を空洞化するような核保有国の出現を許さないでしょう。しかし、これはすでに、インド、パキスタンやイスラエルの核によって事実上空洞化しています。あわせて、同盟国への保証を考えた場合には、北朝鮮の核は、軍事バランスの観点から望ましくないものの、核の傘を含む抑止力の強化によって相殺できると考えるかもしれません。

いずれにせよ、北朝鮮の核保有を合法化する選択肢はないとしても、問題は、核放棄を交渉の前提とするならば交渉が成立しないところにあります。したがって、北朝鮮の核放棄は、交渉の最終目標としてのみ扱わざるを得ないことになります。それをどのような形で明示するかしないかが、米朝交渉をめぐる焦点になってきたのです。

二〇一七年は、圧力と反発の応酬を特徴としていました。二〇一八年は、妥協と、新たな核放棄への長期的な展望を模索する年になることが期待されます。それが、動かし難い物事の道理であるからです。

米朝対立の根源は、朝鮮戦争以来の米朝の戦争状態が未だ解消していないことにあります。しかし、戦争が双方にとって望ましくないのであれば、戦争状態の解消に向けた和解を通じて北朝鮮が核を持つ動機をなくす以外に解決はありません。

北朝鮮は、核放棄の見返りに、制裁解除のほか在韓米軍の撤退や在日米軍の縮小を要求してくるかもしれません。しかしそのプロセスは、一方的に北朝鮮に有利なわけではありません。アメリカとの和平による戦略的安定という利得を得た北朝鮮は、今度はそれを守るべき立場に変わります。守るべき現状を所有した側は、それを維持するために妥協を迫られることになります。それが国家関係のパラドクスです。何かを与えることは、決して一方的な利得にはならないのです。

もちろんその過程で、北朝鮮による新たな軍事的挑発もあるでしょう。その時、今度はこちらが一歩も譲らない構えで、軍事挑発が無益であることを悟らせることができます。意志を変えさせようとする側が積極的な行動をとらざるを得ないのに対して、意志を変える必要がない側は、何もしなくてよい。それ自体が外交的勝利であるからです。

●日本の針路をめぐって

アメリカが、北朝鮮に核が存在することを容認した上で交渉を始めるとすれば、事実上の核保有国である北朝鮮が存在することになります。これを日本にとって最悪のシナリオであるとみなす考え方があります。

一つには、歴史的に日本に対する悪感情を持った北朝鮮が核を持てば、核による脅しで日本に無理難題を押し付けてくるかもしれないという懸念があるからです。けれども、核兵器が登場して以来、国家間交渉において、他国に核を使う脅しによって外交目標を達成しようとする試みは例がありません。核は、戦争のエスカレーションの中での最終兵器として、使わないことに意味があると位置づけられており、これをいきなり外交の道具にする正当性はないのです。

より根本的には、アメリカを中心とする核相互抑止体制の中に位置付けられない核保有国の存在を、どう受け止めるかという戸惑いがあります。北朝鮮の核は、同胞である韓国には向けられないものの、アメリカと、それに同調する基地提供国である日本を抑止するという明確な目的を持っており、日本の戦略バランスに影響せざるを得ないと考えても不思議ではありません。特に、アメリカが核保有国と直接戦争した経験がないことを考慮すれば、北朝鮮の核放棄へのプロセスが長引けば長引くほど、アメリカの核の傘への信頼は根本から揺らぎかねません。

こうした苛立ちの中からは、アメリカ戦術核の日本配備や、自前の核武装への誘惑が生まれがちです。しかし、こうした動きが核放棄のプロセスに悪影響をもたらすことは当然であるばかりか、戦場で使われる核である戦術核の存在が相手に先制攻撃の誘因を与えることにもなります。日本独自の核武装に至っては、日本が軍事的自立を求めないことを前提としてきたアメリカとの同盟関係の構造を揺るがす問題であり、政治的にも論外と言えるでしょう。また、唯一の被爆国として核廃絶の国際世論をけん引すべき日本が核武装を選択すれば、世界の核秩序は崩壊します。核の恐怖に核によって対抗しようとする試みは、かえって核の拡散をもたらし、核の恐怖を増大する結果に終わることが目に見えています。

だからと言って、こうした発想を一概に切り捨てるだけでは何の解決にもなりません。核が相手の完全な破壊を可能にする兵器として登場した背景には、力には力で対抗しなければならないという伝統的な力への信奉があるからです。アメリカの抑止力に依存する発想の先には、それが当てにならなければ自らの力で対抗するという論理が続きます。

最後に、「脅威」について考えてみましょう。脅威という言葉を軽々しく使うべきではないと思いますが、我々防衛に携わる者は、我が国を攻撃する能力を持った相手が、我が国を攻撃する意図を持った場合に、それを脅威と呼ぶことにしています。

今日の日本が直面する問題は、日本を攻撃する能力を持った国がそこにあるということです。その能力とは核を搭載したミサイルであり、能力を止められなければ、とるべき方法は、より強い能力をもって威嚇すること（すなわち抑止力）ではなく、攻撃の動機をなくすことです。単にどちらの力が優っているかという発想ではなく、能力と意志の掛け算というシンプルな戦略論の基本に立ち返ったとき、新たな戦略的選択肢が見えてくるのではないでしょうか。「我が国を攻撃する能力を防ぐことができない」ということが前提になるとすれば、脅威をなくすためにはどうしたらいいかを追求しなければなりません。「我が国を攻撃する意図」をゼロにすることができれば、掛け算の答えはゼロということになるのです。

意志は変わりやすいから、構築に時間がかかる能力に着目して防衛力を整備するというのが、従来の発想でした。しかし、意図は変わりうるけれども、物事は戦争ですから、何も問題がない相手からいきなり日本を攻撃する意図が出てくることはあり得ません。インドもパキスタンも核を持っていますが、我々が脅威と思わないのはなぜか。日本に戦争をしかける意図が生じないだろうと思っているからです。それは「日本と戦争をする動機がない」と言い換えてもいいと思います。

資源が有限である限り能力への対応には限界があります。能力のギャップをどうカバーするかが問われることになります。それが本来、政治・外交の役割のはずですが、今日の日本では、それをもっぱらアメリカの軍事力に頼ろうとしています。そのアメリカの能力に疑いはないが、意志は可変なのです。そこに、永遠に終わらない不安の根源があります。脅威と同じく、抑止も、能力と意志の掛け算だからです。それゆえ、意志の根源にある戦争の動機にアプローチする手法、すなわち妥協の戦略が必要になります。そして、「何を妥協するか」こそ、政治・外交の本来の役割です。

戦争のもとになる国家間の対立があるから、国は抑止を求めます。それは、相手との相互作用によって終わりの見えない力比べのプロセスとなります。それを「平和」と呼ぶのか、それとも、国家間の対立をなくすことによって戦争の恐怖から解放されるという意味の「平和」を求めるのか。北朝鮮ミサイルが巻き起こした戦争の恐怖の中で、戦後七〇年間忘れられてきた平和の意味を考え直す機会になればよいと思っています。

●改めて専守防衛を考える

以上のことを考えても、私はもう一度、専守防衛を再評価し、見直したいと思っています。日本が敵基地攻撃能力を持ったり、戦術核を持ったりするというようなことは、日本自身が相手に恐怖を与えることであり、それは相手にとって戦争の動機をつくることにもなります。そのように他国に脅威を与えることによって、自らが戦争の火種を撒くようなことはしないというのが、専守防衛の中身の一つだと思います。

もう一つの中身は、日本の防衛のためには防衛力も整備するが、他国の戦争にはかかわっていかないということです。これは集団的自衛権にもつながる話ですが、朝鮮半島の緊張は米朝間の問題である以上、日本が戦争の当事者になるようなことをしない。これも専守防衛の戦略論だと思います。

確かに、守るだけでは戦争には勝てません。専守防衛を確立した日本という国は、戦争の技術としては、攻めてきた相手を跳ね返すことを繰り返して相手の疲弊を待つやり方をとることになります。それでは戦争には勝てないのだけれども、戦争の力で相手に譲歩を強要したり、相手を滅ぼすような防衛政策はとらないと宣言することは、相手に安心を与えて戦争の動機をなくすという意味があると考えるのです。それをもう一回改めて、この北朝鮮の核の問題を契機に考えてみようと思っています。

Ⅱ

北朝鮮の核問題を解決する道はどこにあるか

太田昌克

私は新聞記者として、北朝鮮の核問題を取り扱った六か国協議を取材してきた経験があります。六か国協議は北朝鮮、米国、韓国、日本、ロシア、中国の間で二〇〇三年夏に始まり、ブッシュ政権が終わるまで続いたのですが、オバマ政権になった二〇〇九年以降は一度も開かれていません。二〇〇五年九月に六か国協議の共同声明がまとまります。私はこの六か国協議の初会合から共同声明がまとまるまで、ずっとワシントンと北京を往復して取材をし続けた経緯があります。そうした現場体験なども踏まえて述べていきます。

●北朝鮮は核分裂性物質を増産できる体制にある

北朝鮮の核問題がどうしてこんなに深刻度を増してしまったのか。なぜここまで大変な現実的脅威になってしまったのか。このようになるとは、一〇年前には思いも寄りませんでした。二〇〇六年一〇月に北朝鮮は最初の核実験を行ったのですが、この当時はまだ北朝鮮が保有するプルトニウムの量が限られていました。三〇キログラム程度と言われていました。「核実験を続けていれば、そのうち手持ちのプルトニウムがなくなり、北朝鮮は核を持てなくなるだろう」という楽観論すら時に耳にしました。その当時と比べ、今の北朝鮮の核能力は格段に様変わりしたのです。

北朝鮮は今どのくらい核兵器を持っているのか。推定するしかないのですが、北朝鮮は、オバマ政権に入ってから高濃縮ウラン（核兵器の原料）の製造を始めたとみられます。また寧辺《ニョンビョン》にある原子炉から取り出した使用済み燃料棒を再処理してプルトニウムを抽出しています。その推移を勘案しますと、現時点で二〇発ぐらいの核兵器を持っているのではないかとの試算が、アメリカの専門家によってなされています。実態が全く掴めていないのですが、これからプルトニウムを増やすことにより、また、さらにウラン濃縮活動を推進することによって、このままだと二〇二〇年の東京オリンピックの頃までに最大で八〇発以上を保有するとの見立てをする専門家もいます。

核兵器をつくるのに一番難しいのは、核爆弾の原料であるプルトニウムと高濃縮ウランの生成、つまり核分裂性物質の入手です。これが核専門家の常識です。北朝鮮はすでにそれをクリアしています。だから核分裂性物質を増やせる、増産能力があるということをしっかりと認識しなくてはいけないと思います。

●九四年米朝枠組み合意の背景

どうしてこんな深刻な事態になったのか。一九九四年にはカーター元米大統領が突如訪朝し、これを受けて「米朝枠組み合意」が同年一〇月にまとまりました。これは、寧辺の核施設の活動を凍結する、その見返りにアメリカ、日本、韓国が資金拠出して軽水炉二基を北朝鮮に建造する、またその間に年間五〇万トンの重油を提供する、そして米朝関係の改善を図るという合意でした。

この頃の北朝鮮は、自分たちが核爆弾を製造しているとは一言も言いませんでした。寧辺の核施設はあくまで電気をつくっているのだと公然と主張していたわけです。だから発電施設を止めるには見返りが必要だという論拠を用い、米朝枠組み合意を結んでプルトニウムの増産をストップする補償措置として、軽水炉二基と重油を提供する外交的枠組みをつくったわけです。

私は二〇一七年末、カルフォルニアのスタンフォード大学の近くの街に行きまして、一九九四年の米朝枠組み合意の際にアメリカの国防長官だったウイリアム・ペリー氏にインタビューしました。ペリーさんはもう九〇歳なのですが、記憶はものすごく鮮明で、『My Journey at the Nuclear Brink』（邦訳『核戦争の瀬戸際で』）という回顧録を三年前に出されました。自分は幾度も核使用の脅威に直面してきた、だからこそ自分のライフワークは長崎への原爆投下を最後に核が二度と使われないようにすることだ――。これが回顧録のメインテーマです。

一九九四年の第一次核危機の際、ペリーさんは空爆攻撃を真面目に検討したと言います。当時はまだどのくらいプルトニウムが抽出されているか分からなかったし、北朝鮮には兵器化の能力もまだ備わっていませんでした。核弾頭と運搬システムの二つの仕組みがマッチしないと核兵器にならないわけで、北朝鮮は一九九八年にはテポドンを日本列島を超えて飛ばすだけの能力を一応保有しましたが、核爆弾については海のものとも山のものとも全く分からなかった。

核兵器化のためには核分裂性物質を獲得することが不可欠です。だからまずそこを叩かなければいけないということで、ペリーさんらは寧辺の施設を限定的に海上発射のクルーズミサイルで先制攻撃する作戦を考えたそうです。しかし結局、クリントン大統領と協議した結果、まずは外交オプションを尽くそうということで、外交解決に集中することにしたのです。

この話を聞いて、さすがだなと思いました。ペリーさんは核物質を入手することが肝であり、その動きを止めれば核開発を阻止できるということをよく分かっていらっしゃった。その芽を摘むためにどうするか、軍事オプションで行くか、外交オプションで行くかを検討し、クリントン政権はまず外交オプションを選んだわけです。そして一九九四年六月、カーター元大統領の訪朝が功を奏して、米朝枠組み合意が成立するのです。しかしアメリカの共和党の中に――今のトランプ政権の与党になりますが――、米朝枠組み合意に敵意を持つ保守系の議員や論客がおり、総じて共和党は合意履行に協力的ではありませんでした。

●国交正常化を真剣に模索したクリントン政権

二〇〇〇年はクリントン政権にとって実質的に最後の一年でしたが、北朝鮮問題をめぐって、とても大きな動きがいろいろとありました。例えば、オルブライト国務長官が平壌に行き、金正日総書記と一緒にマスゲームを見たりもします。その直前には、建国の父である金日成と同じ革命世代の趙明禄《チョミョンロク》という元帥が、ワシントンまで行ってクリントン大統領とホワイトハウスで会談もしました。

この時に何をやろうとしたのですか、とペリーさんにお聞きしました。そうしたら、米朝枠組み合意には共和党から批判があり、うまく履行できなくなっていった。だからこの合意を上書きしてより強力なものにすることで、米朝国交正常化まで持って行くつもりだったとの答えが返ってきました。

ペリーさんご自身も一九九九年、平壌に行かれています。濃密な交渉を平壌で行われたそうです。ペリーさんは直接、金正日氏に会うことはなかったのだけれども、話をするカウンターパートは必ず協議のあとに金正日氏に報告を上げて、金正日氏の決裁を得た上でまた翌日の協議に臨んできたそうです。ペリーさんの心象では、その時、すでに金正日氏はアメリカと国交正常化を行う腹を相当程度固めていたそうです。そしてそのために、核兵器を諦めるという選択肢を真面目に考えていたというのです。つまり外交解決の可能性が、かなり高かったのです。

●ブッシュ政権が外交的解決を選ばなかった理由

しかし、その後何が起こったか。米政府内ではクリントン大統領の訪朝まで検討されたのですが、結局、二〇〇〇年の大統領選で時間切れになってしまった。そして、クリントン大統領の後任に共和党のブッシュ氏が当選し、クリントン訪朝の可能性が消滅したのです。

それでもブッシュ政権の最初の国務長官だったコリン・パウエル氏——有名な軍人でアメリカの英雄——は、クリントン政権の「置き土産」をそのまま活用したいと明言していました。外交的解決で北朝鮮に核を諦めさせたいという意思がパウエル氏にはあったのです。しかし、これを許さない勢力がワシントンにいた。当時、イラク戦争を主導した「ネオコン」と呼ばれるいわば強硬な保守派、さらにネオコンと連携するブッシュ政権の実力者、つまりチェイニー副大統領です。

当時、私がワシントンで取材した元国務省高官がこんな話をしてくれました。「我々が『外交的解決が良いですよ、大統領』とホワイトハウスにいくらアドバイスをしても、ブッシュ大統領の耳元で絶えず囁く男がいた」と。それは誰かと聞くと、「チェイニー副大統領だ」と。ではチェイニー氏が何とブッシュ氏に囁いたのか？「北朝鮮は悪である。悪と交渉しても意味がないのだ。いずれ崩壊するのを待てばいい」と。

クリントン政権の成果をなぜブッシュ政権が引き継がなかったのか。端的に言いますと、圧力さえ掛けていれば北朝鮮がいずれ崩壊すると考える人がいたからです。まともな交渉は行わず、制裁を強化していけば、金体制はいずれ潰れるだろう――。こんな甘い見通しがブッシュ政権の腰を随分重くしてしまった。交渉に臨む意思を鈍麻させてしまったのです。

それから、ペリーさんとも見解が一致したのですが、イラク戦争という要因がやはり大きかった。アメリカはネオコンを中心にイラクに乗り込んでいくわけですが、当初は楽勝で終わると思われていました。確かに戦端を開いたら楽勝だった。しかし、楽勝だったのだけれども、戦争がいつまでたっても完全に終わらない。フセイン政権時代の支配政党・バース党の関係者らが武装化して、地場のテロリストがどんどん増えてしまった。そして米軍の手には負えない泥沼状態に陥っていくわけです。

●「二兎」を追った北朝鮮側にも問題はあったが

超大国のアメリカとはいえ、一つの政権が集中できる政策の数は限られています。「9・11」（米中枢同時テロ）を体験したブッシュ政権は、アフガニスタン攻撃からイラクへと続く戦争にほとんどの外交的資産、軍事的資産を費やした結果、北朝鮮がしばらく「お留守」になってしまったのです。その間に北朝鮮は「二兎」を追いました。いずれアメリカが振り向いてくれるのではないかと対米交渉に期待しながらも、密かにウラン濃縮の計画を本格化させたのです。

ここからは推測を含みます。趙明禄という革命第一世代のビックネーム、日本の植民地時代に金日成と一緒に戦った人物がワシントンまで行ったのは、北朝鮮の大きな決断だったわけです。これでいよいよ米国と国交正常化ができると思っていたら、直後に登場したブッシュ政権が全く違う政策をとり始める。だから保険として「別の兎」を追ったわけです。外交でアメリカが振り向くのを待ちながら、核の能力だけはどんどん蓄えていく。それを交渉カードに使ってワシントンを振り向かせ、外交交渉を有利に運ぶために。

明らかにアメリカの北朝鮮政策は外交的に失敗してきました。失敗の根源はどこにあるのかというと、アメリカの対北朝鮮政策に一貫性がないことが非常に大きかったと思います。北朝鮮の最高指導部に対して一貫したメッセージをアメリカは送ってこなかった。真意がどちらにあるのか、レジーム（体制）を潰すつもりなのか、自然死するのを待っているのか、それともクリントン政権のように本気で交渉する気があったのか。それが北朝鮮には分からない。

そしてトランプ政権になって直後、事態は極度に深刻化しました。一九九八年頃から資材調達してウラン濃縮計画を進めた北朝鮮がもちろん悪いのですが、アメリカの政策上の一貫性の欠如という要素も非常に大きかったのではないか。その一貫性の欠如の背景には、「北朝鮮はいずれ崩壊する」との甘い見積もりがあったのです。

金正恩氏はおそらく簡単に核兵器を手放さないと思います。金正恩氏はカリスマのないリーダーです。革命世代でもなく、金正日のようにしっかりと軍部を最初から掌握できていたわけでもない。党を頼りになんとか政権を温存させ、体制締め付けのために時に厳しい粛清をやる。これはカリスマ性のなさの表れです。それを核兵器で埋めようとしてきたのが今の金正恩政権ではないかと思います。

●ティラーソン国務長官はもう一つの道を模索した

ここまで北朝鮮核問題の根源について歴史的な経緯を振り返ってきました。これから今後のこと、未来のことに言及したいと思います。

トランプ政権が誕生し、昨年（二〇一七年）一二月一二日、ティラーソン国務長官（当時）がアトランティックカウンシルというアメリカのシンクタンクで講演して、北朝鮮との初会合を無条件でやってもいいのではないかと発言しました。ただ、北朝鮮と話し合いをやるからには「クワイエット（静かな）タイム」が必要になるとも言明しました。つまり、北朝鮮がミサイルや核実験をバンバンやっている時に話し合いなんてできるわけはない、とりあえずやめてもらいたい、そしてフリーズ（凍結）期間を設けて対話をしましょうということで、ティラーソン氏の言っていることも、「無条件」と言いながら実は前提条件がないわけではない。「クワイエットタイムに話をしよう」という前提が必要だ、要するに対話のための環境設定が条件だと言っていたのです。

しかし翌日、長官はこの発言を若干ですが後退させます。ティラーソン氏をめぐっては、いつ辞めるか分からないという噂が昨年の夏ぐらいからありました。私が七月にワシントンに出張した時も「ティラーソンはもう辞めるぞ」という噂《うわさ》が渦巻いていました。トランプ大統領とウマが合わないのかったのでしょう。トランプ大統領が最初に行ったのが、国務省の予算と人員のカットだったこともあります。ティラーソン氏のファーストネームはレックス。そこでRexと非常口のEXITをかけて、ブレグジット（Brexit）ならぬ、“Rexit”という造語までワシントンで耳にしました（ティラーソン氏は二〇一八年春に辞任）。

ティラーソン氏は北朝鮮が暴発しないよう、「もう一つの道があるんだよ」というメッセージを一生懸命、発信しようとしたのだと思います。ところが、すぐにトランプ大統領がツイッターで「レックス、それは時間の無駄（A waste of time）だ。北朝鮮と交渉しても意味がない」などと平気でつぶやいてしまう。こうなると外交が機能しなくなってしまいます。外交当局トップが言った言葉がすぐに大統領自身によって否定されてしまう。これによって、アメリカ政府は一時、対話の機会を自ら狭めていたのです。

ティラーソン氏はこのアトランティックカウンシルの講演で、もう一つ気になることに言及しました。講演原稿になかったことを講演後の質疑応答でポロッと喋ったのです。私もびっくりしましたが、ポイントは二つあります。

一つは難民の問題です。北朝鮮が崩壊したら多くの難民が出る。中国はこれを大変恐れている。だから、アメリカと中国はもうすでに難民の問題について議論を始めているというのです。

それからもう一つ。北朝鮮の政権が崩壊したあと、今ある核兵器をどうするかという問題です。核がテロリストや悪意を持った第三者に流れてはいけないということで、北朝鮮崩壊時の核兵器の保全策について、すでに中国と議論をしているのだとティラーソン氏は明言しました。

私はこれまで米朝の交渉を何年か見てきましたが、こんなことを耳にした経験は一度もなかった。こんな機微な話をアメリカとしているなどということを、中国は本来、北朝鮮に知られたくない。中国は曲がりなりにも北朝鮮の同盟国です。同盟国である北朝鮮が崩壊した時のシナリオを、北朝鮮が最も敵視するアメリカと議論している。そのこと自体で北朝鮮に対する中国の外交的な影響力が下がるわけです。だって習近平体制を北朝鮮が信用しなくなってしまう。

それにしても、中国とアメリカが難民や核の問題まで議論したということは何を意味するのか。それは中国自身が北朝鮮をコントロールできず、本当に困っていたということです。二〇一七年末時点で中国は金正恩氏と十分なコミュニケーションを取れていなかった。またアメリカもこの段階において北朝鮮とは対話局面に向かう気はさらさらなく、軍事的な側面を含む有事を想定していたことの裏返しかもしれません。

ちなみにオバマ政権下では、こうした議論に中国は応じようとしませんでした。中国がアメリカとの間で、金王朝崩壊後の核の保全について協議するということは、中国が北朝鮮の今のレジームを見放したという印象を平壌に与えかねません。だから中国はずっとそうした議論自体をタブーとみなし、拒んできたのです。

●開戦の可能性をめぐるイギリス紙の報道と日本

米朝開戦の可能性をめぐって、緊張状態の高かった二〇一七年秋にイギリスであった報道を二つ紹介します。

一つは、マーク・セドンという、潘基文《バンキムン》前国連事務総長のスピーチライターが書いた寄稿記事です。セドン氏は、"Have we got just three months to avert a US attack on North Korea?（アメリカが北朝鮮を攻撃するのを回避するにはたった三か月しかないのか?）"という見出しで原稿を書いています。実はイラク戦争を主導したジョン・ボルトン氏——かつてのアメリカの国連大使で二〇一八年春にトランプ大統領の国家安全保障担当補佐官に就任——がイギリスを訪れ、下院議員やスタッフと会いました。そこで彼は、北朝鮮はあと三か月でアメリカに届く核搭載のＩＣ

ＢＭを完成させる、というＣＩＡの見立てを説明したそうです。イギリス議会に伝わったこんな話を基にセドン氏はこの記事を書いたのです。

それからもう一つ。英紙デイリーテレグラフの報道ですが、"US making plans for 'bloody nose' military attack on North Korea（アメリカは「鼻血作戦」と呼ばれる軍事作戦を北朝鮮に対して計画している）"とのタイトルです。これもイギリスの新聞です。

ニュースソースはどこかと注意深く記事を読んでいますと、イギリスの駐北朝鮮大使がワシントンに行き、当時の大統領補佐官だったマクマスター氏らと協議したと書いてあります。その席でマクマスター氏らアメリカの安全保障当局者から、ブラッディノーズ（鼻血）作戦、つまり北朝鮮がＩＣＢＭを撃ちそうになったらそこを叩く限定的攻撃を行い、北朝鮮の士気を打ち砕くというシナリオを聞かされたと報じています。

アメリカの相談相手がイギリスというのは非常に注目すべきことです。日本ではなくてイギリスなのです。イラク戦争もそうでしたが、アメリカは戦争に突き進んで行く際に、まずイギリス政府に相談します。イラク戦争当時のブレア首相は、ブッシュ政権と一緒になって戦争に突入して行きました。アメリカが何か大きなことを行う時には、最大の同盟国であるイギリスにまず情報を流しながら、世論の懐柔を図り、一つの相場観を形成していくのです。

朝鮮半島での戦争シナリオはあってはならないと思うのですが、こういった情報をイギリスの新聞が二〇一七年晩秋の時点で報じたということは、非常に危険な兆候の表れだったわけです。

この年のクリスマス前、アメリカ政府関係者から、「クリスマスはみんな本国に帰って、朝鮮半島からアメリカ人がいなくなる。だからクリスマス開戦だ、なんて言っている人がいますよ」と聞かされました。非常にビックリしました。少し恐ろしくなって、ある日本政府高官に聞いてみました。すると「なに馬鹿なことを言っているんだ。クリスマス開戦なんてあるわけがない。邦人待避計画なんて全然できてないんだから」と言われました。

韓国からどうやって日本人やアメリカ人を退避させるか。仮に日本に退避する場合、米軍横田基地にまず入ってきますから、民間人に対しては検疫業務などを行わなければいけません。そうしたシステムはまだ何もできていない。だから、日本は戦争を受け入れる準備は全くできていないと、この高官は言うのです。

ただ高官いわく、具体的な準備はしていないのだけれども、そういう開戦の噂や情報については、日本とアメリカはあえて否定しないようにしている、とのこと。なぜ否定しないのかというと、否定しないことによって「アメリカが本気だ、本気で攻撃をするかもしれない」と北朝鮮に思い込ませること自体が抑止力になるからだというのです。米朝クリスマス開戦の虚偽情報を否定しないのも、抑止力を高めるための方便だというのです。しかし、金正恩氏が万が一、勘違いした場合はどうなるか。恐ろしいシナリオがその先に浮上する危険性がありました。

●戦争シナリオのリスクは高い、「母性的なシグナル」も大事

先にご紹介したペリーさんはマティス国防長官からも相談を受けているそうです。「マティス現国防長官は武力行使についてどんなお考えですか」とペリーさんに水を向けると、「マティスはよく分かっている」とペリーさんは明言していました。

先述の通り、ペリーさんは一九九四年に限定的な攻撃オプションを考えました。九四年当時に寧辺の施設を叩いた場合に韓国が被ると思われたリスクと、現在寧辺を外科的に攻撃したことによって浴びるリスク、つまり先制攻撃によってこちらが浴びる「返り血」はどちらが多いか。ペリーさんは現在、日本と韓国が被る「返り血」は桁違いだと強調していました。

彼は「叩くのであれば、一九九四年にやるべきだった。今はできない」と断言するのです。「ではどうしたらいいのですか?」と聞いたら、「封じ込め」だと。つまり北朝鮮への圧力を強めながら、抑止力を高め、北朝鮮が無用な挑発行動に出ないようにする。同時にこの間、経済制裁を

強めていく。アメリカが長い時間をかけてソ連を封じ込めていったように、北朝鮮を封じ込め続けて、北朝鮮の行動様式を変えていくしかないのではないか。米朝間の緊張状態が極度に高まっていた二〇一七年末のペリーさんはこう見ていたのです。

もちろん抑止力や圧力は大事なのですが、もう片方を忘れてはいけないと思います。それは、最後の最後まで外交オプションを尽くすということです。「核を諦めたら、本当に明るい未来への道筋が開かれているんだ。北朝鮮にも別の生きる道が待っているんだ」という明確なメッセージを送り続け、北朝鮮が核を放棄するインセンティブを最大化するシグナルを絶やさないことです。トランプ大統領は二〇一七年一一月、韓国を訪れた際、この点に少しだけ言及していました。

もっとも、インセンティブの最大化を図るには口先だけではダメです。本当に核を諦めた場合、その先に何があるのかという点について、日米韓が自分達の提供できる具体的な「見返りリスト」を用意して、中国やロシアも交えてしっかり議論していく必要があります。

北朝鮮はああいう体制ですが、平和的な解決を望んでいる高官が意外にも多数派を占めているかもしれません。だから、北朝鮮国内の「和平派」に塩を送る外交工作も進めていかなくてはならないのです。

二〇一八年初頭までの間、日米はずっと圧力一辺倒で来ていましたが、マッチョ的かつ父性的な「力」にだけ根差した方法のみではダメなのです。核開発や人権抑圧といった悪行を続ける北朝鮮を悔い改めさせるために、時には「母性的なシグナル」を出すことも必要なのです。敵対勢力がそれまでの敵対行為を改め、融和へ向けた戦略的決断を行うに当たり重要なのは、脅しと威嚇のメッセージに加え、現に態度や行動を変えた時に得られる「安心と安全」、つまり安心供与というファクターなのです。物事を対話局面に転換し、外交解決のテコを最大化させる際は、この安心供与こそが問題解決へ向けた出口戦略に不可欠な糸口を与えてくれるはずです。

話は前後しますが、二〇〇五年九月の六か国協議の共同声明は、とてもよくできている文章です。米国は核兵器でも通常兵器でも攻撃したり侵略したりする意図はないと宣言し、全体制の安全を保証している。それに付随してエネルギー支援など経済支援の見返りも示し、検証可能な非核化の実現という目標が明示されています。ただ問題は、この共同声明はあくまで基本原則であって、これを具体的にどういう手順で履行するかという点は次の交渉に委ねられたことです。そして、その具体的手段をめぐる議論がうまく進まず、気がつけば翌二〇〇六年一〇月には北朝鮮が初の地下核実験を行います。この時が大きな分水嶺でした。

北朝鮮が「二兎」を追っていた過去を紹介しましたが、アメリカもまたあの時、「二兎」を追っていたと言えます。本当に北朝鮮を信用していいのかどうかという疑念がブッシュ政権内に根強く残っており、二〇〇五年九月に共同声明が出されるのと同じタイミングで、アメリカ財務省は北朝鮮と大きな取引のあるマカオの銀行への金融制裁に着手したのです。

これが実は、北朝鮮にとっては大きな衝撃だった。だって検証可能な方法で核計画の放棄を進めていくという方向性に同意したにもかかわらず、安全の保証を与えてくれたアメリカが新たな制裁に踏み切ったのですから。当時、「金融とは国家の血流だ」と六か国協議に来ていた北朝鮮高官は言ったものです。

こうして、共同声明がせっかくできあがったのに、米朝互いの疑心暗鬼は解消されるどころか、いっそう増幅していきます。二〇〇五年のこの時は、仏はつくったけれども魂が入らなかった。それが二〇〇六年の核実験に繋がったのです。

●画期的な米朝会談、しかし正念場はこれから

二〇一八年の年明け、私はこの地域がひょっとしたら戦争に向かうのではないかと真剣に心配していました。〝Fire and Fury（炎と怒り）〟などと北朝鮮を幾度も恫喝し、脅しのメッセージとはいえ、「北朝鮮を完全に破壊する」とまで公言していたトランプ大統領の行動が余りに予測

不可能であること。また、一七年一一月末の「火星15」のロフテッド試射を受け核戦力の「完成」を宣言した金正恩氏がアメリカの意図を読み間違える誤信と過信の恐れ。そんな両者の疑心暗鬼と相互不信を背景に、偶発的な局地的衝突が本格的な戦闘に発展するリスクがゼロではないこと。こうした懸念要因があいまって、私は軍事的な有事シナリオを随分と懸念したものです。

ところが、私の浅はかな読みを完全に裏切る形で、韓国の文在寅大統領が主導する南北対話が水面下で進行中だったのです。文大統領の腹心で国家情報院（ＫＣＩＡ）長の徐薫氏が極秘に、金正恩・朝鮮労働党委員長の最側近で北朝鮮のインテリジェンス部門の首領と言ってもいい金英哲副委員長を相手に交渉を繰り返し、平昌五輪への北朝鮮代表団の派遣、さらに二〇一八年四月二七日の南北首脳会談の開催に漕ぎ着けたのです。文氏の狙いは、米朝の軍事衝突の回避、危機緩和にあったと思います。これを金委員長が受け入れた。委員長の脳裏には、トランプ氏の恫喝と威嚇、そしてアメリカ軍による軍事オプション行使の可能性、さらに今後本格的に効き始めるであろう国際制裁網の存在があったと考えます。

この南北インテリジェンスの両トップが米中央情報局（ＣＩＡ）長官だったマイク・ポンペオ氏を引き入れ、同氏の平壌訪問、拘束中の韓国・朝鮮系米国人三人の解放、そして「６・12」の米朝シンガポール会談へと結実していきました。私は今回の一連の外交プロセスのキーマンは徐薫氏と金英哲氏の二人だとみています。

二〇一八年六月一二日の米朝首脳会談は長い朝鮮半島の歴史の中でも、朝鮮戦争以来の画期的な出来事です。南北主導で進めた対話プロセスに、型破りの政治家で政治的野心にも燃えるトランプ大統領が同乗した結果、米国の歴代政権がなし得なかった北朝鮮トップとの直接会談という、かつてない外交の好機につながりました。

トランプ、金正恩両氏は通訳だけを入れたテタテ（一対一）の会談を三八分間行いました。北朝鮮消息筋によると、金氏は相互不信と疑心暗鬼の連続だった米朝史に触れながら、関係改善を呼び掛けたそうです。また「体制の保証」も要求しながら、その実現を前提に「完全な非核化」を約束しました。そして両首脳は会談後、「シンガポール米朝共同声明」に署名し、金氏は「完全な非核化」を、トランプ氏は「安全の保証（セキュリティー・ギャランティーズ）」をそれぞれ誓約しました。

「完全な非核化」はこの直前の四月二七日に行われた南北首脳会談で出された「板門店宣言」にも登場する言葉ですが、北朝鮮のトップが米大統領に直接「完全な非核化」の意思を表明した意味は決して小さくありません。

ただこの共同声明には問題点も少なくありません。まず、米国に加え日本も重視していた非核化プロセスの「検証可能性」を担保する文言が明記されなかったことです。また、核廃棄の「不可逆性」にも触れていません。さらに北朝鮮の核計画廃棄に至るロードマップ（行程表）づくりについても具体的な取り決めはなく、これらの詳細は今後の米朝閣僚級協議に持ち越されることになりました。

それからシンガポールの米朝首脳会談で、トランプ氏は金氏の懸念に応える形で、対話継続中の米韓合同演習の停止を表明しました。この演習停止をめぐっては、韓国との事前の擦り合わせがなく、韓国政府のみならず日本政府にも大きなショックを与えました。トランプ氏は首脳会談後の記者会見で、合同演習を「戦争ゲーム」と呼び、そのコストが「高くつく」ことを嘆きました。こうした姿勢は米国の金銭的な利得と同盟国の安全保障上の利害を天秤にかける行為に等しく、私も心配しています。また演習停止の代償をトランプ氏は求めなかった。ここにも問題があります。せめて金氏に対して「対話継続中は寧辺の核活動をすべて停止しろ」と要求すべきでした。

米朝首脳会談が歴史的な出来事であることは間違いありません。これをステップに北朝鮮の完全核放棄を実現し、朝鮮半島に恒久的な平和体制を構築する必要があることは言うまでもありません。ただ「最強のディールメーカー」を自負するトランプ氏にしては、詰めの甘すぎた初会談ではなかったでしょうか。正念場はまさにこれからと言えます。

●日本核武装の技術的、倫理的な問題点

最後に、この間、日本の一部で「日本も核武装すべきだ」という議論が出てきていたので、その問題に言及します。これは技術的な問題点と、倫理・哲学などの精神論の二つに分けて論じるべきでしょう。

まず技術的には、日本が核武装しても大きなメリットはないと考えます。北朝鮮にとっては核攻撃の潜在的ターゲットが増え、地域は緊迫化します。また日本が第一撃をやられたあと、第二撃で報復できる絶対的な抑止力を短期間に持てるのかといったら、大いに疑問です。

私は以前、一九六〇年代にケネディ政権で核戦略を担当していたロジャー・ヒルズマンという戦略家と話をしたことがあり、日本の核武装についても議論をしました。ヒルズマンさんは「核武装というのは大国のゲームだ」とはっきり論じられていました。

たとえ、どこかの都市が一つや二つなくなったとしても、まだ核を互いに投げ合うというのが核交戦です。それはあまりに過酷で、本当にシビアなとんでもない世界です。だから、日本のように狭いエリアに大都市が集中していて、例えば東京に水爆が飛んできたらそれで国家機能が壊

滅してしまうような国が抑止力と称して核を持ったとしても、現実的には通用しない。核抑止論とは大陸国のゲーム以外の何物でもなく、札幌、東京、大阪、名古屋、広島、福岡の各都市をそれぞれ一発の核ミサイルで先制攻撃すれば、日本はほとんど消滅すると言ってもいいかもしれない——とのことでした。そんな日本が核武装すれば、敵対関係にある核保有国には核先行使用の誘因を与える恐れもあります。

それなら第二撃（報復）用に潜水艦に搭載する核を持てば良いではないかという議論もあります。しかし、仮に核搭載の潜水艦を持ったとしても、そのコマンド・コントロール（指揮・統制）をどこが握るのかといったら、やはり都市機能を備えた政治の中枢になるのです。そこを敵が先に叩けば日本の核報復力を無能化できます。つまり、日本が核を持っても逆に安全保障上の脆弱性が高まるだけで、技術論的には意味はない。むしろリスクを高めるだけだと思います。

次に倫理・哲学などの精神論の話です。私はこちらのほうがもっと大事だと考えます。

広島と長崎に七三年前、原爆が落とされました。一九四五年八月六、九両日から一九四五年一二月三一日までに二一万人前後の方が亡くなりました。そして今も多くの被爆者の方が放射線の苦しみに耐えていらっしゃる。私には仲良くさせてもらっている被爆者のおじいさんがいます。爆心地から八〇〇メートルぐらいの広島一中で被爆され、推定線量で四グレイほどを浴びられた。これは半致死量に相当します。

昨年（二〇一七年）の夏ごろから、その方は造血機能が不全状態になりました。これまでに十数回ガンの手術をされていまして、今回もガンの手術をしたいのだけれども、造血機能が悪くて血液をつくれない、だから手術を受けられないというのです。この前お会いした時も「わしはもう二年の命だ」と言われるのです。そして「言いたいことを言って、核廃絶目指して頑張るから、あなたもがんばってください」と広島弁でおっしゃいました。造血機能の障害も単にご高齢だからというわけではなく、確実に放射線が影響していると考えます。そうした意味で、今も核戦争の被害が続いているのです。

そんな核戦争被害を今も背負っている日本という国が、「北朝鮮も核兵器を持ったから私たちも持ちましょう。いざとなったら抑止力が効くんです」という議論をしたら、これまで七三年間、核兵器が使われなかった「核のタブー」が一気に危うくなります。この国には原爆で苦しんでいる方がまだ多くいらっしゃる。国家予算で相当な手当をして、被爆者の方を国民全体でお支えしている。そのような国が核兵器を持つとは、一体どういう含意を生むのか。

また核兵器を持つということは、核を使用する計画が必要だということです。通常、軍部が核作戦をつくるわけです。日本ならそれはアメリカと一緒にやるかもしれませんが、つまるところ有事に日本が核を使うシナリオを想定するということです。

　核を持った被爆国が「核廃絶をしよう」、「核はダメだ」と国際社会にいくら訴えても、果たしてどれだけの説得力があるか。「これまで被爆者が核攻撃の惨禍を世界で訴えてきたが、その国が核を持ってしまった。被爆者の話は何だったんだ。核はやっぱり使える兵器なのか」。こんな誤った認識を国際社会に醸成する恐れがあるのです。

　私も二〇年余、広島を記者生活の振り出しに、ずっと核のことを追いかけてきました。それを支えてきたのは、そういった日本の生きざまです。被爆者には朝鮮の方や中国の方もおられますが、無数の日本の民族、同胞が核によって瞬時に殺戮された。そんな原爆投下、核攻撃は到底許されるはずがない、まさに戦争犯罪そのものではないかと世界に叫び続けてきた日本の国の在りようこそが問われることになるのです。

　そんな戦争犯罪、過ちを繰り返すかもしれない道に、われわれ日本の民族が向かっていいのか。良識ある日本人がそれに同調するのか。それは、明らかな人道的な退廃、モラルの退廃以外の何物でもないと思います。そういったモラルの退廃を世界に発信し、新たな核保有国の登場を誘発するような事態は絶対に招いてはいけない。それも日本人に課せられた人類に対する歴史的使命だと思います。

III

防衛の現場から考える北朝鮮の核・ミサイル問題

冨澤暉

昨年（二〇一七年）一二月、「自衛隊を活かす会」のシンポジウムにおいて、北朝鮮の核・ミサイル問題について軍事の立場から報告をさせていただきました。その後、米朝首脳会談が行われることが決まった時点で、筆者が理事長をつとめる法人の雑誌の五月号巻頭コラムに、会談の見通しを寄稿しました。米朝首脳会談は実際に六月一二日、世界が注目される中で実施されました。この会談の評価は人によっていろいろあるでしょうが、北朝鮮の核・ミサイルが廃棄されることがあり得るにしても、実際に廃棄されるまでの間は、昨年一二月の報告と今年のコラムの内容は基本的に変える必要がないと感じています。防衛の現場で仕事をしてきたものとしては、防衛上の懸念がなくなるまでは、必要な備えを欠かすことはできないという立場です。そこで、最小限の修正を施した上で、上記の報告と寄稿の内容をもとに寄稿させていただきます。

●軍事的脅威は特定国ではなく「核拡散とテロ・ゲリラ」

私は昨年の春まで陸上自衛隊の幹部学校で、幹部学生を相手に教育をしておりました。そこで、「現在、日本の自衛隊の正面にはいろいろな軍事的脅威があるけれども、端的に言って北朝鮮問題と、中国問題とどちらが重要ですか」と質問することにしていました。そうすると、なんと七割ぐらいが「中国のほうが重要だ」と言うのです。それはちょっと違うのではないか、ということで話をするのですけれども、考えてみると当たり前で、現在、陸・海・空自衛隊は防衛力整備の重点を南西諸島に置いています。南西諸島に置いているということは、主要対象は北朝鮮ではないのです。中国が南西諸島、特に尖閣列島にやってくるのではないかということを考えて、尖閣諸島でもし日本領土が取られたならばどうやって奪回するかということを今、彼らは一生懸命に考えているわけです。北朝鮮のほうは何かあるらしいけれども打つ手なしなので、自衛隊はあまりやっていませんよ、ということで関心がないのです。もちろん、北朝鮮の核・ミサイル問題について興味を持っておられる方は多いのですが、自衛隊の認識はそれが現状だということです。

最近の軍事的脅威は特定国ではなく「核拡散とテロ・ゲリラ」です。昔は軍事というと仮想敵を決めて、あの敵が怖いから、あの敵が来たならばそれにどう対応するかということを考えたわけです。ご承知の通り、日露戦争の頃はロシアが来るのが怖いから、ロシアに対して陸海軍が一緒になってやったのですが、日露戦争のあとは仮想敵が海軍と陸軍で変わりまして、陸軍は引き続きロシアだということで北を向いていたわけですが、海軍はロシアの艦隊をやっつけたわけですから、ロシアのほう、大陸のほうは何も心配ない、これからの敵はアメリカだということで、アメリカ海軍にどう対応するかということを想定して、防衛力を整備し、訓練をして、いざとなったらどうするかということを考えていました。一つの国の陸軍と海軍で仮想敵が異なるというのは実におかしな話です。一九四五（昭和二〇）年に日本はいろいろな国に対して仕掛けていた戦争に負けたわけですが、その大元は全部そこにあるわけです。ですから自分達の脅威が何であるか、自分達は一体何をしようとしているのか、そういうことを決めることが大事なのです。

一九四五（昭和二〇）年に私は七歳で国民学校二年生だったのですが、その頃と現在では時代が全く変わりました。現在はどの国も「この国が我が国の敵国、脅威である」ということは言いません。最近、久しぶりにトランプ大統領が悪漢国家（ローグ・ステイツ）という言葉を使いました。「悪漢国家は懲らしめないといけない」、「悪漢国家はアメリカの敵だ」とは言ったけれども、「アメリカの敵だからあいつをやっつけないといけない」とは言っていないのです。「世界秩序を乱す悪漢国家だから懲らしめないといけない」ということは言っていますけれども、「アメリカが彼らに襲われるからアメリカを守るためにあいつをやっつけよう」ということまでは言っていないのです。

それから、アメリカが久しぶりに中国とロシアをリビジョニスト、修正主義国家だと言いました。修正主義国家というのは今までもいろいろなところで使われて、いろいろと意味合いが違うのですが、アメリカの政治学者のフランシス・フクヤマがソ連崩壊をもって「歴史が全て終わった」と言ったあの時代、特に核を持った五大国は一緒になって、これからは平和に暮らそうと内々に約束したはずなんですが、そのような歴史を今、変えようとしている。ロシアはソ連崩壊にも関わらず、昔のようにウクライナを攻めてみたりするので、アメリカはロシアをリビジョニスト、修正主義だと言っているわけです。

現在の日本は特定の国家を軍事的脅威と言ったことはございません。現在、日本は国家安全保障戦略という、五年前の二〇一三年にできたばかりの国家戦略を持っているのですが、日本の軍事的脅威は北朝鮮であるとか中国であるとか、あるいはフィリピンであるとか、そういうようなことは一切言っておりません。

安全保障戦略に脅威（threat）という言葉を使うことはあまりないのですが、日本の場合はたまたま使っています。それが「核拡散とテロ・ゲリラが脅威である」ということです。特定の国ではなくて、軍事的には核がどんどん増えていくことが脅威であり、テロ・ゲリラも我々にとっての脅威であるということを言っているわけです。これは実は二〇一〇年にアメリカが四年毎の国防計画の見直しであるＱＤＲ（Quadrennial Defense Review）で言っていることを真似しているのです。このＱＤＲに、「現在のアメリカ及び世界にとっての脅威（実は米国も脅威という言葉は使用せず、脅威認識と優先順位という表現なのですが）は核拡散とテロ・ゲリラである」と明確に書いてあるのです。それを三年後の二〇一三年に日本が全くアメリカのＱＤＲからコピーして、日本あるいは世界にとっての脅威は核拡散とテロ・ゲリラであると言っているわけです。

●核兵器の登場によって戦争の仕方が変わった

なぜそんなことになったのか。一九四五年までの世界は基本的に国家間決戦をやったわけです。日本をぶっ潰すということで、わざわざアメリカの総司令官であるマッカーサーが東京に乗り込んできて、今の第一生命ビルの所にＧＨＱをつくり、日本を占領して軍政を敷いたのです。つまり、相手の国に行ってそこで政治をするということをやったわけです。

しかしそれ以降、大国間においては、外国へ行って首都を取り上げて政治を全部壟断《ろうだん》する、自分で政治をやるというような戦争はなくなりました。今は国家間決戦のない時代です。それは核兵器ができてしまったからです。核兵器を投げれば向こうも投げる、そうすると自分と相手どころか世界中が死滅してしまうから戦争はできない。従って、核兵器を持っている国が国際政治をリードすることは確かですが、絶対に国家間決戦はやらないということになったのです。

では、核兵器を持たない国同士は決戦ができるのかということです。超大国というものができてしまい、それは核兵器を持った国ですが、核兵器を持っていることによって世界をリードしていくので——良い意味でも悪い意味でも——、自らの勢力圏にある国同士の戦いも超大国がコントロールすることになります。具体的に言うと米国とソ連が核兵器のほとんどを持っていたわけですが、傘下の国でバチバチが始まるとそれをある程度コントロールしながら、代理戦争、限定戦争みたいなことはやらせるけれども、ある程度のところで適当に向こうの親分と話し合って、小さい国同士の喧嘩を治めてしまう。そういうような時代になったということです。

ですから、昔は城下の盟《ちかい》と言ったのですが、国同士が戦って、相手を潰したら、相手の首都のお城まで行って、「これ以降、お前は俺の言うことを必ず聞くんだぞ」と約束させていました。そうやって相手の国の政治を壟断する、傀儡政権をつくってやるという様な国家間決戦があったのですが、それがなくなってしまったのです。

今、一体何が世界の秩序を壊しているのかというと、一つは核の拡散です。最初はアメリカだけが核を持っていたのですが、ソ連が持って二か国でなんとかやっていた。その後、イギリスが持ち、フランス・中国が持ち、だんだん増えてきて、インド、イスラエル、パキスタンが持ち、今は北朝鮮が持ってしまった。

かもがわ出版

出版案内

2017.10

沖縄の未来は日本の未来に直結！

沖縄謀叛

鳩山友紀夫・大田昌秀・松島泰勝・木村　朗 編

四六判　272頁　2000円

大田昌秀さん、
最後のメッセージ

抑止力のことを学び抜いたら、究極の正解は「最低でも国外」

鳩山友紀夫・柳澤協二 著

四六判　160頁　1200円

基地の撤去と日本の平和を
結合する

沖縄子どもの貧困白書

沖縄県子ども総合研究所 編著

Ａ５判　288頁　2700円

翁長雄志県知事の
メッセージも掲載

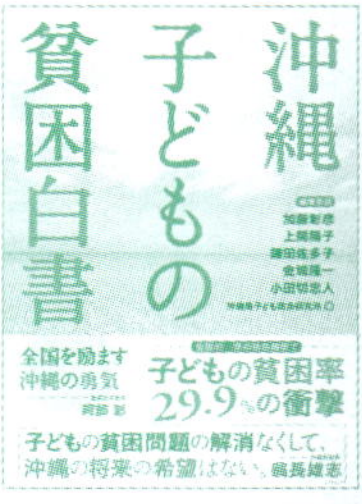

〒602-8119　京都市上京区堀川通出水西入
営業部 ☎075（432）2868㈹　FAX.075（432）2869
編集部 ☎075（432）2934　FAX.075（417）2114
東京オフィス ☎03（5942）8501　振替 01010-5-12436

かもがわ出版 ホームページ http://www.kamogawa.co.jp

施設でできるかんたん介護予防	スポーツ・インストラクターが教えます	斎藤道雄	1500円
身近な道具でらくらく介護予防	50のアイディア・ゲーム	斎藤道雄	1500円
18トリソミー　はるの	15か月の優しく切ない日記	宇井千穂	1800円
マンガ　はじめての出生前診断		中西恵里子（絵・文） 関沢　明彦（監修）	1400円

文学・エッセイ・趣味

加藤周一　最終講義		加藤周一	2000円
われらが胸の底		澤地久枝・落合恵子	1700円
もう一つの大学紛争	全共闘・「解同」と対峙した青春	鈴木　元	2200円
加藤周一　戦後を語る	加藤周一講演集 別巻		3200円
軍国少年がなぜコミュニストになったのか	わが戦前·戦後史	松本善明	1800円
樹奏森響	京都美山　芦生の森	広瀬　慎也	2700円
人はともだち、音もともだち	池辺晋一郎対談×エッセイ	池辺晋一郎	2400円

まほろば叢書

イギリスの詩を読む	ミューズの奏でる寓意・伝説・神話の世界	齋藤美和	1600円
ベネディクト・アンダーソン　付・討議記録「想像の共同体」論の受容と射程	奈良女子大学講義	小川伸彦・水垣源太郎編	1300円

未来への歴史

日本憲法史	八百年の伝統と日本国憲法	小路田泰直	1800円
暴力と差別としての米軍基地	沖縄と植民地—基地形成史の共通性	林　博史	1700円
石田梅岩	峻厳なる町人道徳家の孤影	森田　健司	1900円
『女工哀史』の誕生	細井和喜蔵の生涯	和久田　薫	1700円

かもがわブックレット

0円

BL198　異議あり！　2020東京オリンピック・パラリンピック
転換点にたつオリンピック
革新都政をつくる会

BL199　国と東電の罪を問う
井上淳一・蓮池透・堀潤・松竹伸幸・福島生業原告団・弁護団

BL200　福島を切り捨てるのですか
“20ミリシーベルト受忍論”批判　白井　聡

BL201　安保法案　テレビニュースはどう伝えたか
検証・政治権力とテレビメディア
放送を語る会・鎌田　慧（解説）

BL202　安保法制違憲訴訟　憲法を取り戻すために
安保法制違憲訴訟の会

定価表示は、本体価格となっています。

平和・憲法

集団的自衛権の焦点 「限定容認」をめぐる50の論点	松竹伸幸	1400円
台頭するドイツ左翼 共同と自己変革の力で	星乃治彦	2600円
隣人が殺人者に変わる時 加害者編 ルワンダ・ジェノサイドの証言	ジャン・ハッツフェルド著西京高校インターアクトクラブ訳	2000円
池田香代子の怒りの処し方1 引き返す道はもうないのだから	池田香代子	1800円
13歳からの拉致問題 弟と家族の物語	蓮池 透	1600円
安倍新政権の論点1 「国防軍」—私の懸念	伊勢崎賢治・小池清彦・柳澤協二	900円
安倍新政権の論点4 自民党改憲案を読み解く 「戦争する国家」へのアート!?	長谷川一裕	1000円
安倍新政権の論点5 教科書の国定化か!? 安倍流「教育再生」を問う	子どもと教科書全国ネット21	1000円
ひいばあちゃんは中国にお墓をつくった 中国残留日本人の孫たちと学ぶ満州・戦争	飯島春光	1600円
憲法九条裁判闘争史 その意味をどう捉え、どう活かすか	内藤 功	3000円
女子力で読み解く基地神話 在京メディアが伝えない沖縄問題の深層	三上智恵・島洋子	1600円
憲法9条と25条 その力と可能性	渡辺 治	1700円
沖縄とヤマト 「縁の糸」をつなぎ直すために	小森陽一編著	1800円
抗うニュースキャスター TV報道現場からの思考録	金平茂紀	1800円
「日本会議」史観の乗り越え方	松竹伸幸	1400円
13歳からのテロ問題 リアルな「正義論」の話	加藤 朗	1600円
原爆にも部落差別にも負けなかった人びと 広島・小さな町の戦後史	大塚茂樹	2500円
憲法カフェへようこそ 意外と楽しく学べるイマドキの改憲	あすわか(明日の自由を守る若手弁護士の会)	1200円
13歳からの平和教室	浅井基文	1600円
現代史の中の安倍政権 憲法・戦争法をめぐる攻防		1800円
あきらめることをあきらめた 戦後71年目のデモクラシー	小森陽一・黒澤いつき・元山仁士郎・西郷南海子	1500円
我、自衛隊を愛す 故に、憲法9条を守る	箕輪 登・小池清彦・竹岡勝美	1400円
幸せのための憲法レッスン 教えて中馬さん!	金井奈津子	1500円
軍事立国への野望 安倍政権の思想的系譜と支持母体の思惑	小森陽一・山田 朗・俵 義文・石川康宏・内海愛子	2000円
「憲法物語」を紡ぎ続けて	奥平康弘	1900円
安倍首相から「日本」を取り戻せ!! 護憲派・泥の軍事政治戦略	泥 憲和	1800円
宇宙開発は平和のために 宇宙の軍事化に乗り出した日本	池内 了	1700円

心の居場所になれたら
まんが・学童保育の子どもたち
廣瀬久子

A5判 96頁　1200円

遊びをつくる、生活をつくる。
学童保育にできること
楠　凡之・岡花祈一郎
特定非営利活動法人学童保育協会

A5判 232頁　2000円

「終活」としての在宅医療
かかりつけ医で人生が変わる
田秀樹・蜂須賀裕子(聞き書き)

A5判 144頁　1500円

放課後等デイサービスハンドブック
子どもたちのゆたかな育ちのために
障害のある子どもの放課後保障全国連絡会

A5判 192頁　2000円

リアリズムの老後
分らしい介護とマイケアプラン
たじま　ちよこ

四六判 272頁　1800円

学童保育支援員の育ち方・育て方
子どもとクラブの成長を支える人材育成
高岡敦史・籠田桂子

A5判 144頁　1600円

パブリックアートの現在
外彫刻からアートプロジェクトまで
女子大学文学部〈まほろば〉叢書
澤有吾

A5判 144頁　1600円

子どもの権利とオンブズワーク
豊田市子ども条例と権利擁護の実践
木全和巳

A5判 200頁　2000円

山道追分茶屋物語
族史・高砂屋盛衰記
屋十圀

四六判 208頁　1600円

中国文化論
李　徳順・上村元顧：訳

A5判上製 400頁　4500円

校福祉のデザイン
べての子どものために多職種協
の世界をつくる
庸裕

A5判 168頁　1700円

くじらが陸にあがった日
朝倉篤郎聞き書き
木村陽治

四六判 240頁　1500円

小さな国が核兵器を持ち始めて核兵器が乱立してきますと、核兵器の秩序維持が非常にアンバランスになって危なくてしょうがない。小さな核でも核は核ですから、世界中が混乱してしまう。それで現在、核兵器を持っている国が力を合わせて、これ以上核兵器を持つ国をなくそうという取り組みがされているわけです。

ところが相変わらず北朝鮮のような国が出てくる。そこで、そういう動きがまだ大きくならないうちに摘み取ってしまわないと世界秩序が大変になるということで、一つの世界秩序の方向が決まっているのです。表向きは喧嘩をしながらも、その点では大国はみんな一致していたのです。こういう時代には良くも悪くも一国平和主義というのは成り立ちません。

世界秩序を維持するために何が必要でしょうか。秩序というのは平和という意味ですから、皆さんの家庭が平和であるのは、そこに何がしかの秩序があり――奥さんの方が強い家庭もあるでしょうし、いろいろあるでしょうけれども――、そこに規律があるからです。秩序がなくなると平和ではなくなるということは、ごく自然の論理です。

●「核拡散とテロ・ゲリラの防止」と日本

そういう中にあって、日本という国は面白いことに、アメリカとソ連が喧嘩をしていたりするけれども、自分は一国平和主義で行こう、ともかく我が国が平和であれば良いというスタンスでした。他で戦争をやっていても良いし、核戦争なんて多分ないと思うけれども、やるならやっても良いよ、日本が平和ならばね、というような感じでいたのですが、そういう考えは今はなくなったと思います。

ですから、「核拡散とテロ・ゲリラの防止」というのは、日本の考え方だけではなくて、世界秩序、現在のアメリカを中心とする世界秩序を認める人にとっては必要なものなのです。そういう考え方がけしからんという人はたくさんいます。俺にも権力の一部を寄越せという人もいれば、俺は権力を持たないけれども、みんな我々と同じように核兵器もなくして、武器もなくして、みんな多極でもって、話し合いでやったらいいじゃないかというご意見もあるのです。しかし、そうなってしまうと、これは世界のある種の無政府主義みたいなものです。そういう考え方は当然あるのですが、今だに成立したことはないし、私はこれからもおそらく成立しないだろうと思っています。

今、日本においては、先ほど述べたように陸上自衛隊の学校あたりに行くと、「冨澤さん、北朝鮮は僕らと関係ないですよ。現実的には中国のほうが恐ろしいですよ」という人が多いのです。しかし私個人はそれは違うと思っています。彼らとも議論するのですが、中国は核を保有している五大国の一つです。ですから核拡散には絶対に反対のはずなのです。たくさんの核があると中国の核の能力が相対的に下がってきますから、核拡散には反対で、そういう意味ではロシアやアメリカと平仄を合わせてくるわけです。ですから、中国にはテロ・ゲリラの能力はありますが、今、日本にテロ・ゲリラを仕掛けてくる公算は非常に少ないと思っています。

やはり現在、日本に武力が及ぶとすれば、北朝鮮の武力のほうが公算が高いという意味で、私は自衛隊の人達に「南西諸島ばかり見ているわけにはいかないよ」と言うのですが、一方で無理もないのは、核拡散に対する武力的な対応というは日本には取りようがないことです。核兵器を持っていないわけですから。そしてヒロシマ、ナガサキを抱えていますから。日本は核兵器をなくしてほしいということは言っても良いのですが、一方でアメリカの核の傘の下にある以上、あまり強くは言えないということもあって、核に対しては武力の対応としては何もできません。

テロ・ゲリラというのは非常に大きな問題で、それへの対処については日本では警察がやることになっていて、自衛隊はやらなくて良いことになっています。自衛隊法の中に間接侵略というものがあって、これがテロ・ゲリラに該当するものかなと思うのですが、本格的な戦争ではありません。防衛出動の出ない範囲のものは治安出動ということになっています。自衛隊は治安出動においては警察の予備なのです。それこそ警察予備隊のようなもので、警察が持て余した時に、警察と同じ権限でやるということになっています。全国には警察官が二九万人から三〇万人いると思いますが、それに対して陸上自衛隊は一四万人ですから、警察の半分ぐらいの予備兵力に過ぎません。さらに武力行使もできないわけですから、自衛隊にはテロ・ゲリラ対策ではたいしたことはできないということになっています。

自衛隊にもっとやらせろという話もあったのですが、警察に断られまして、それではテロ・ゲリラは警察さんにお任せするよということで喧嘩別れしたのです。そういうこともあるので、先ほど述べたように、自衛隊の人達は「北朝鮮と言ったって、俺たちは関係ないでしょう」ということになるのです。

●ないよりはあったほうが良いミサイル防衛

さて、核・ミサイル対策です。結論から言うとミサイル防衛機器、ミサイル・ディフェンスはないよりはあったほうが良いが、万全は期せないと言うことです。その一番の理由は、ミサイル防衛機器は基本的に待ち受け兵器であるので、局地防衛はできても広域防衛は不可であるということです。待ち受け兵器である理由はあとで説明します。

ミサイル・ディフェンスが問題になったのは今から一五年ぐらい前です。石破茂さんが若くして防衛大臣になってアメリカに行き、日本もミサイル・ディフェンスを持たなければいけないということで帰ってきて、彼が頑張って二〇〇三（平成一五）年にミサイル・ディフェンスをやるという閣議決定をして、翌年に「一六大綱」という防衛大綱を決定したのですが、そこでミサイル・ディフェンスを本格的に入れるということが正式に決まり、中期計画に乗ることになります。そして、海上自衛隊のイージス艦にＳＭ３を積もうという動きが出て、航空自衛隊のパトリオットを弾道ミサイルに対応するＰＡＣ３に逐次変えていこうということになります。

その頃、一体このミサイル・ディフェンスは相手のミサイルに当たるのかという疑問があり、私どもでも議論しました。日本防衛学会という学会で二人の専門家をお呼びしました。一人は、当時の防衛大学校の副校長の馬場順昭さんで、私よりも一〇年ほど後輩の航空工学の専門家です。もう一人は、安江正宏さんという有名な東大の航空工学を出た人で、技術研究本部長をされていた人でした。その二人が、航空工学的な観点からミサイル・ディフェンスは当たるんだと言って、

比例航法の図・プロポーショナルナビゲーション

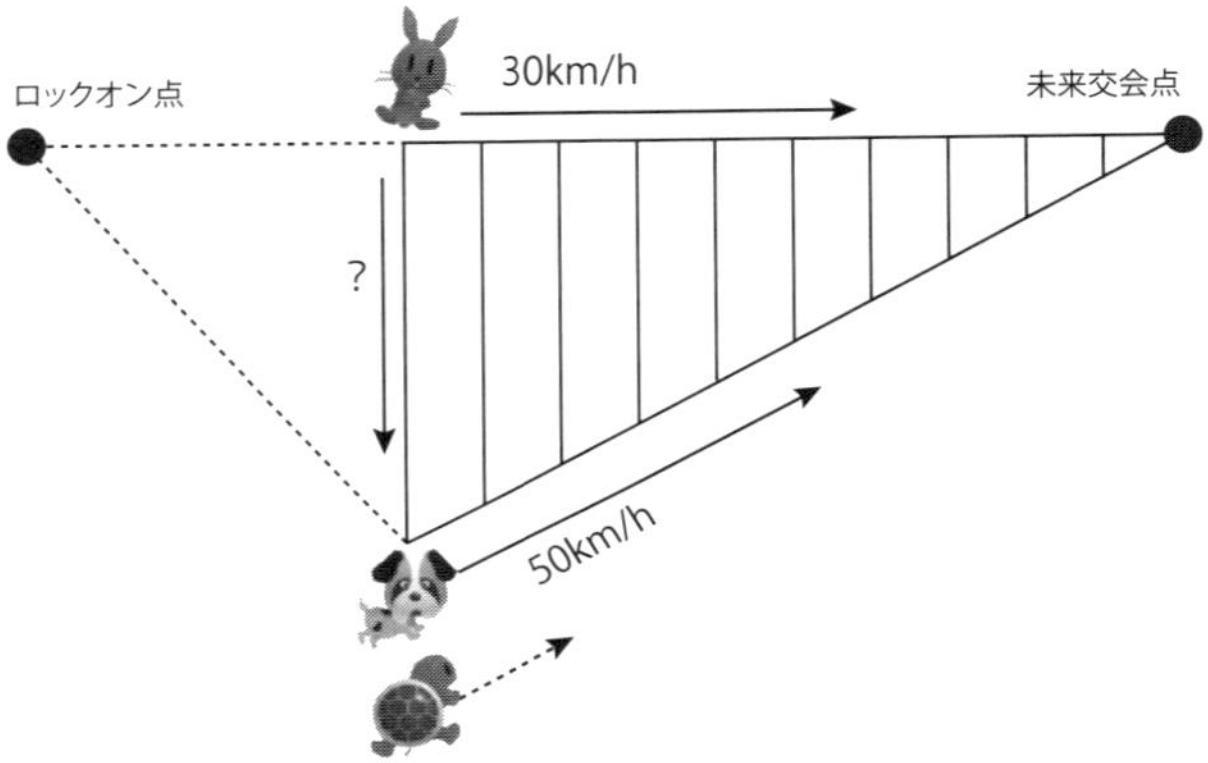

その時に書いたのが上の図です。

兎が右に走っていき、犬が下の方から走って行くとします。そして、いつも図のような関係（目標への相対方位角）を保っていけば必ず未来交会点というものがある。何処かでぶつかる。だから必ず当たるんだと言うのです。

しかしこれは古い理論で、私が防大の学生の時、今から五〇数年前に防大の応用物理で習ったプロポーショナル・ナビゲーション（比例航法）です。常に一定の比較した速度で走っていけば、必ず未来交会点で会うということです。図では兎よりも犬のほうが足が速いことになっており、そうであれば未来交会点で必ずぶつかる、だから当たるんだという理論なのです。

これは兎よりも犬の方が足が速いことが前提になっています。しかし、犬が亀だったら、兎が途中で居眠りでもしない限り絶対に追いつきません。ですから、その犬がスピードの遅い亀だったらどうなのか、未来交会点は永遠に来ないのではないかと聞いてみたのです。

そうしたら、いや一つだけ可能性があるのだと言われました。兎が右のほうに行かないで、亀の方に向かって走って来れば、亀はじっと待ち受けていて、兎が近くまできた時に鎌首をグッと持ち上げてパクッと食いつけばいいのだという話でした。つまり、右に行く兎に犬をぶつけるためには双方の速度がどうかが問題になるが、こちらに向かって来る場合にはこちらの速度が遅くても構わないということです。実際に、飛んでくるミサイルの速度とこちらの打ち上げるミサイルの速度の差が問題なのです。

現在、いろいろなミサイルができて来ましたが、北朝鮮のミサイルはまず空気のあるところを真っ直ぐ上に上がります。途中から斜めになるのですが、ともかく空気のないところまで上がる。これには結構時間がかかります。空気抵抗もあるし、重力に逆らうので当然です。専門家に聞いたら三分ぐらいかかるだろうということです。空気の全くないところというのは高度八〇㎞より上です。何段ブースターかは知りませんが、高度八〇㎞を超えたところでブースターを離すと弾道に変わります。そうしますとミサイルは増速しなくなります。途中で居眠りをしたり、右に行ったり左に行ったりすることは、基本的にはありません。ホーミングというものがありまして、途中からは自分で相手の位置を確かめながら行くこともあるのですが、それは目標まであとほんの少しのところであって、大きくは図で示した論理でいくということです。

北朝鮮が昨年、襟裳岬の上を三七〇〇km飛ばしたミサイルがありました。そこで問題になるのはやはり速度です。人工衛星になるぐらいの速度が出せるかどうかです。人工衛星にはいろいろありますが、地球の周りを飛ばすわけですから、遠心力と引力のバランスが取れると地球の周りを回転します。地球の周りを回転するためには、地球の比較的近くでは秒速七・九kmぐらい必要だとされています。これより遅いと引力の方が強くて地上に落ちてしまうし、これより早いと他の星の方に行ってしまう。最初の頃、北朝鮮はミサイルではなくて人工衛星を打ち上げると言っていたわけですから、秒速七km近くの速度で飛んでいたのです。

あの襟裳岬の上あたりを通っていく中距離の弾道ミサイルは、一秒間に五・数キロの速さで飛ぶのだそうです。これも高度八〇kmの上空まで上がるためには三分ぐらいかかる。イージス艦のミサイルも高度八〇kmよりも高いところまで上がるのに三分ぐらいかかります。

問題は向こうのミサイルの方が速いということです。今、イージス艦の新しいミサイルのスピードは、本当かどうか分かりませんが、秒速四・何kmと言われています。北朝鮮のミサイルは秒速五・何kmということで、向こうのほうが速いわけですから、絶対に追いつきません。

●万全は期せないミサイル防衛

もっといい方法はないか考えなければなりません。前図で言いますと、もっと左側の遠いところでロックオン（目標追尾装置で捕捉すること）して待ち受ければいいのです。ところが、イージス艦についているレーダーは、見える範囲がだいたい一七〇kmから三〇〇km先までの間だと言われています。三〇〇km先よりも遠いところはイージス艦からは見えないのです。

そこでエックスバンド・レーダーというものが登場しました。北のほうは青森県つがる市の車力分屯基地に、南のほうは経ケ岬通信所（京都府京丹後市丹後町）にあります。これは強力なレーダーでして、だいたい一〇〇〇km先まで見えるということになっています。しかし、いろいろ聞くと一〇〇〇km先まで見えるけれども、自分が撃ったミサイルをコントロールするのは五〇〇km以内であると一般的にはされているそうです。このあたりは軍事機密ですからよく分かりません。

いずれにせよ、エックスバンド・レーダーのおかげで、自分の真上にくる手前の五〇〇km先のところでロックオンできるということです。秒速五kmですとミサイルが到達するまでに一〇〇秒、一分四〇秒かかりますから、その間に見つけて、動きを確定しておけばいいのです。しかし、一分四〇秒後に弾道ミサイルがイージス艦の真上に来たとして、そこで発射しても要撃ミサイルはいまだ空気中にあり、高度が届かないということになります。

日本から五〇〇㎞先というと日本海のど真ん中あたりです。全部で一〇〇〇㎞ほど飛ぶのですから、半分ぐらいの五〇〇㎞先のところで掴んで撃っても間に合いません。その場合、前に向かって撃つのではなく、後ろを向いて撃って、弾道ミサイルに追いつかれて当てるという打ち方をすることもあり得ます。

米海軍と海上自衛隊は当たる確率が九〇何%とか、八〇何%と言っています。しかし、いずれにせよ、どういうシチュエーションでこの実験をやっているのかは私達には分かりませんし、私の乏しい理科の能力で考えると、そう簡単に当たるものではないことははっきりしています。

ミサイル防衛兵器というのは、あくまで待ち受け兵器であるということです。ＳＭ３がイージス艦に搭載されていていますが、ＳＭ３の最初の目的は国土を守るためのものではありませんでした。航空母艦はミサイルと潜水艦に弱いものですから、それを守るために、周りをイージス艦で囲んで、ミサイルをやっつけようとして配備したものです。半径二〇〇㎞までは大丈夫だということで、それなら直径が四〇〇㎞ですから、比較的大きなエリアを守ることになります。私が海上自衛隊の人に聞いたら、「直径四〇〇㎞ということは、三隻浮かべれば長径一二〇〇㎞がエリアとなり、南西諸島は別にして、日本本土はほとんどカバーできる」と言っていました。上がっていくミサイルの高度の差も問題になりますが、かつて私が聞いたところでは、SM3の高度はせいぜい二〇〇～二五〇㎞と言われていました。最近では五〇〇㎞とか、八〇〇㎞、一〇〇〇㎞上空まで上がると言われています。ただそれも直上に上がって一〇〇〇㎞ということであって、高度一〇〇〇㎞の標的まで全てカバーできるというわけではないようです。PAC3に至っては半径が二〇～二五㎞ぐらいのものですから、どうしようもありません。

以上のような状況ですから、これでもって万全を期すとは言えないと私は断言致します。ミサイル・ディフェンスに一〇〇％頼ることはとてもできないからこそ、小野寺五典さんが二回目の防衛大臣になる前に、「敵基地攻撃能力を持たなければいけない」と言っていたのです。

敵基地攻撃ができるかというと、これはアメリカでも手こずっています。なぜ手こずっているのかといえば、目標が分からないからです。向こうが撃ったらすぐに撃ち返せばいいじゃないかと言われますが、撃ち返すまでの時間に向こうは必ず隠れてしまう。目標情報がアメリカでも取れない。日本が敵基地攻撃能力の火器を持ったとしても、目標情報が取れないから基本的に難しい。となると、ミサイルに対して打つ手はないと言うことです。

結局、私はアメリカの核に頼るしかないと思います。アメリカの核がある以上、北朝鮮といえども、滅多なことでは撃ってこないと思います。韓国やアメリカに撃つよりも日本に撃つ公算の方が高いことは確かですが、いかに金正恩が困っても日本に核兵器を落とすということは、やはりアメリカからの報復抑止があるということを考えなければいけませんから、そう簡単には撃ってこないと思います。いかにアメリカの抑止を受けるように日本が努力するかというのは現在の難しい問題ですけれども、いろいろなことを考えていかなければいけないと考えています。

●テロ・ゲリラ対処と本稿の結論

テロ・ゲリラ対処についてですが、一番問題なのは、冒頭にも書いたことですが、これを警察がやることになっていることです。私はとてもじゃないけれども警察ではお手上げになるだろうと思います。

日本と中国の軍隊の違いを考えますと、中国はだいたい一三億の人口があって日本の一〇倍です。中国の軍隊が二二〇万で、日本が二二～二三万人おりますからこれも一〇倍です。ところが、中国にはこれに加えて、一五〇万人の武装警察と八〇〇万人の民兵がいるのです。だから、中国と同じ比率で持つのだとしたら、日本は一五万人の武装警察を持たなければいけません。私が警察の人に対して、「テロ・ゲリラをやると言うのだったら武装警察を持ちなさい。武装警察を持たないとやりきれない」と言うと、警察の人は嫌な顔をするのだけれども、「警察のあなた方がやらなければしょうがないでしょう」と言っているのです。

テロ・ゲリラ対処をやる時に一番大切なのは情報です。「この付近に村の人でない人間がいる」というようなことを知るには、地元に詳しい民兵が必要です。今、日本には消防団が八〇万人います。せっかく八〇万人の消防団員がいるのですから、それを民兵にしてテロ・ゲリラ対策をとるというのが良いと思います。

紙幅が尽きましたので、結論を整理します。

＊北朝鮮が核ミサイルを最も使用しやすい国が日本であることに違いはない。しかし、核兵器は使われぬ時にのみ意味のある兵器。いかに孤立した金正恩でも、日本にファースト・ストライクをかけることはないはずである――ファースト・ユースとファースト・ストライクは違う――。これに対する抑止力は米国核の報復抑止しかない。

＊ミサイル・ディフェンスはないよりあったほうが良いことは、すでに述べたとおりである。新装備を米国から購入することは外交のためにある程度必要だが、実質的な費用対効果を

十分に検討する必要がある。バイ・アメリカンといって今売り込んできているが、これら輸入兵器のために、より大事な基盤的防衛力を落とさないように着意すべきである。

＊敵基地攻撃能力を検討するのは良いが、常に目標情報収集手段を確保しつつ事業を進めなければ、意味がない。

＊核シェルターをつくったら良いと思う。この問題については、まず国民に世界の現況をよく知らせ、国民がそれを進んで要求するようにしなければならない。そうなった時に初めて押し付けでない避難訓練ができるようになる。

＊これまでの自衛隊の南西諸島重視の防衛力整備は間違っているとは言えないが、もう少し、民防、武装警察を支援し、いざとなれば国内警備から防衛出動への変換に耐えるものとする必要がある。

＊PKO活動が低調になってきているが、こうした自国防衛の背景として、これら国際協力はなお必要である。国連の意向に沿い、武力行使を含めたものにも積極的に参加させるようにすべきである。目的・目標は日本一国防衛ではなく、あくまでも世界の秩序（平和）維持なのである。

〈追補〉

〈ⅰ〉二〇一七年一二月の「自衛隊を活かす会」シンポジウムで上記の発言をしましたが、その記録を整理し終わった一八年三月に米朝首脳会談の話が持ち上がりました。そこで、筆者は下記の文章を書き、筆者が理事長をつとめる法人の巻頭コラム五月号用に投稿するとともに、三月下旬のある勉強会でその趣旨を四〇名ほどの研究仲間に話しました。その巻頭コラムは次のとおりです。

トランプ・金会談の行方

冨澤　暉

五月に予定される米朝首脳会談の行方を世界中が注視している。三月中旬に行われた毎日新聞の世論調査によると「この米朝首脳会談が北朝鮮の核ミサイル問題の解決につながると思うか」という質問に対し「思う」という回答が二四%であり、「思わない」が六〇%であった。六〇%の人は「それならどうする」つもりなのか、二四%の人は「これで全てが治まり大団円だ」と信じているのか。

多くの人々がいうように、会談が決裂して再び元の木阿弥に戻る可能性は結構残っている、と私も考えている。そうなった時には、日本政府が言うように、日米韓を含む世界の連携を強化して経済制裁を強め、日米韓の統連合軍事力を更に強化して北朝鮮の自滅を待つしかない。だが、この会談が成功裏に終わった場合には日韓両国にとってそれ以上の大問題が生起する。

トランプの「当選」を予言し、北朝鮮の会談提起を「トランプは受ける」と述べたジャーナリスト・木村太郎氏は「この会談はまとまる」と三度目の予言をしている。実は私もこの会談の成功率は二四％をはるかに超えると予測している。

無論、大統領が「核は凍結で良いが、対米ミサイルだけは許さない」などというはずもなく、彼は「核の全廃、及び核開発の禁止」を徹底して要求するだろう。そして委員長がそれを受ける、というのが会談成功の姿であるが、その時、北朝鮮側は必ず「国連軍の解散と米軍の撤退」を要求し、米側は意外にもそれをあっさりと呑むのではないかという心配を私は持つ。もし、そうなった場合に日本は米朝韓各国に「それは許さない」と抗議する理屈も力も持ち合わせていない。

一九五〇年の朝鮮戦争開戦直前、韓国は国内の治安維持に大童であり、情報を得た山口県知事は吉田首相に朝鮮動乱への対応を訴えていた。北朝鮮にとって核兵器のない状態はあの時代に戻るだけのことである。しかも当時の李承晩政権よりも現・文在寅政権のほうが御し易い。近代兵器の南北比較については色々あろうが、テロ・ゲリラ戦について北側は圧倒的な力を持ち、またサイバーについても相当な力を持つと言われている。現在の自衛隊は①テロ・ゲリラ②サイバーの領域に関する任務を持たず、当然その予算も能力も保有していない。

本会談が成功裏に終わった時にこそ「日本の危機が始まる」と承知すべきである。（了）

三月下旬に、勉強会で、この趣旨の話をしたところ、勉強会は異論続出で一寸した騒ぎになりました。その会の最長老（92歳）は「あのトランプ大統領がそんな収め方をするはずはない。必ず話合いは壊れて米国は通常兵器による実力行使に踏み切る。そのためのボルトンの登用ではないか」と言われました。私（冨澤）は「どうなるかは、米朝のトップたちにも分からないのではないか、無論、私にも分からない。ただ、『どこに転ぼうと、日本はどうすべきか』ということは考えて置くべきではないですか」と申し上げるだけでした。

〈ⅱ〉それから二か月半の紆余曲折の後、米朝首脳会談はこの六月一二日にシンガポールで実施されました。現段階における結果の報道をふまえ、今、私（冨澤）が言えることは次のとおりです。

これから先も紆余曲折があるのでしょう。私ども日本人が何よりも今求めるべきものは、「一国平和主義」ではなく、「最悪の結果が出た場合においても、世界とともに生きる日本」ということではないかと考えます。

IV

北朝鮮の経済をどう捉えるか

今村弘子

北朝鮮経済とは何かということがこの論考のテーマです。北朝鮮は核開発と経済発展を並進するという路線をとっていると言っていましたが、これまで核やミサイルのほうが先行していました。しかし、二〇一八年からは経済発展に力を注ぐと言っています。本当にそうなのかということ、米朝首脳会談後の動向を見ていきたいと思います。

二〇一八年の金正恩委員長の「新年の辞」を契機として、北朝鮮をめぐる情勢が大きく変化しました。「新年の辞」で北朝鮮が平昌オリンピックに代表団を派遣すると述べ、これを受け、南北朝鮮による合同チームが結成され、オリンピックの開会式にあわせて金正恩委員長の妹の金与正党第一副部長らが訪韓しました。四月二七日には南北首脳会談が開催され、さらに訪米した韓国代表団に対し、トランプ大統領が米朝首脳会談を行うことを即決するなど、事態は大きく動きだしました。

しかし非核化の手順をめぐって、一括方式を主張する米国と段階的非核化を主張する北朝鮮との乖離は大きく、五月中旬から米朝の非難の応酬が始まり、五月二四日にトランプ大統領は、六月一二日にシンガポールで行うとしていた米朝首脳会談を取りやめると発表しました。その間、北朝鮮が中国式の改革開放政策を行うのではないかとの観測が流れ、北朝鮮が豊渓里の核実験場を爆破もしました。

二転三転のあと、米朝首脳会談は結局開催されましたが、その合意文書では朝鮮半島の非核化を行うことは示されたものの、検証などの文言は入らないものでした。米朝首脳会談のあと、北朝鮮は経済制裁の解除が非核化の条件だと発表していますが、非核化と北朝鮮の経済発展はどのようになるでしょうか。

将来を考えるためには、過去そして現在の北朝鮮の経済はどのようなものなのかを知っておく必要があります。それがこの論考のテーマです。少しだけ振り返ってみることにします。

●北朝鮮経済の現状はどうなっているか

私は『北朝鮮「虚構の経済」』という本を二〇〇五年に出版しました。その時と比べて今の金正恩時代の北朝鮮経済はどうなっているのか。

一九八〇年代から九〇年代の北朝鮮経済について、私は三つの言葉をキャッチフレーズ的に使いました。「計画なき計画経済」、「〝被〟援助大国」、「ボーダー〝フル〟エコノミー」というものです

「計画なき計画経済」とは何か。北朝鮮も一応、社会主義国ですので、計画経済体制をとって

いました。貧しい国だからこそ少ない資源を分配するには計画が必要だというわけです。しかし一九八四年を最後に、北朝鮮は長期計画を発表しておりません。計画すらも立てられなくなっていました。二〇一六年には長期計画をつくったと言われていますが、目標数字などは公表されていないので、どんなものかは分かりません。

「計画なき計画経済」の中で何が起こっていたのか。一九九〇年代半ば、北朝鮮は、多くの餓死者を出す「苦難の行軍」を強いられました。一九九〇年代半ばから、日本のテレビでも北朝鮮の動静が放映される回数が増えてきましたが、その中にはコッチェビと呼ばれる浮浪児達が、道端に落ちている食べ物を口にするという衝撃的なニュースなども流れていました。いかにして生き残るかが重要な課題となりました。

二つ目の「〝被〟援助大国」と言うのは、一九八〇～九〇年代にかけて日本が援助大国と言われていたので、それをもじって援助を多く受け取る国ということで付けたものです。援助を供与していたのはソ連や東欧、中国などの社会主義圏です。ところがソ連・東欧が崩壊すると、北朝鮮が受け取る援助が激減しました。それも経済面のつまずきの原因の一つでした。

また一九九〇年にソ連が、一九九二年には中国が韓国と国交を結びました。一九七〇年代後半のデタントの時代に日米が北朝鮮と国交を結び、中ソが韓国と国交を結ぶというクロス承認が唱えられていたことがありましたが、日米はまだ北朝鮮と国交を結んでいないのに、中ソが韓国と国交を結ぶ状況になったわけです。さらに追い打ちをかけるように一九九四年に金日成が亡くなり、九〇年代の半ばには自然災害が続き、「苦難の行軍」の時代になりました。

そうすると何が起こってくるか。物がない、物がないから計画も立てられない、計画を立てられないから統制ができなくなります。統制できなくなったことによって何が起こるかというと、自然的に、なし崩し的に市場が発生してきたのです。

それは、マーケット・エコノミー、つまり市場（しじょう）経済というよりは、市場（いちば）経済、バザール・エコノミーと呼んだほうが、相応しい状況でした。北朝鮮経済は統制できなくなったわけですが、反対に統制をしようとすると経済状態が悪化してしまう状況になってしまいました。

一九九〇年代半ばには北朝鮮の経済は非常に悪かったわけでが、二〇〇〇年代になって少し回復して来ました。回復すると統制を強化しようとします。例えば二〇〇五年には配給制を正常化しようとしました。北朝鮮は配給をやめたわけではなく、正常に行えなかっただけなのだということです。配給制を正常化するために、市場の機能を抑えることが必要になります。ところが思っていたよりも物資が集まらず、配給ができなかったので、「配給の正常化」の試みをやめざるを得ませんでした。

また二〇〇八年には市場を不活発にするために、市場で店番をできるのは四五歳以上の女性だけにしました。男性や若い女性は生産現場に行って働きなさいということです。でもそれができないほど市場はすでに活発化しており、反対の声が強く、結局実行することができませんでした。二〇〇九年にはデノミをやったわけですが、これもうまくいかなくて、最終的には経済を統制しようとしなくなっています。金正恩は経済を統制しようとしないので、ある意味では経済が自然発生的にうまくいっています。

三つ目の「ボーダー〝フル〟エコノミー」についてです。当時、ボーダーレスエコノミーという言い方が盛んに言われていたので――今はグローバル経済と言っていますが――、それと真逆にあるので「ボーダー〝フル〟エコノミー」という言い方をしました。

北朝鮮は一九八四年に外資導入のための法律をつくっています。中国から遅れることたった五年で外資導入法をつくったわけですが、中国のように豊富な労働力があるわけでもないし、広大な市場があるわけでもない。何より一九七〇～八〇年代の債務未払い問題が解決していない状況では、北朝鮮に投資をする国はほとんどありませんでした。当初は在日朝鮮系の会社の投資がほとんどでした。中国が九〇年代後半から少しずつ、二〇一一年になってから以前より大規模に対朝投資をはじめました。南北朝鮮の関係が良かった時には、韓国が開城工業団地をつくったり、観光客を送り込んだりというようなことで多少はボーダーが開いたのですが、今は貿易相手の九割が中国という状況になっています。

●経済制裁は効果を上げてきたのか

北朝鮮に対する経済制裁に効果があるのかどうかという議論があります。これは何をもって効果があると言えるのかということによって、答えが異なります。

経済制裁の目的が、一義的には核・ミサイル開発を止めさせるということであれば、制裁の効果は上がっていないように見受けられます。これまでの制裁で最も影響を受けているのは北朝鮮の一般の人々です。なし崩し的な市場が起こってくる状況で、今、何が起こっているかというと、金主（トンジュ）という人達が出てきました。金主は何をしているかというとブローカーです。そういう人達が密輸や中国からの親戚訪問などによって市場で売るモノを手にする。市場でモノが少なくなればなるほど需要と供給の関係で儲かるわけです。だから最も困っているのは一般の人達ということになってきます。

また制裁の中に航空機の燃料、石油製品などがあります。そうすると軍用機を飛ばすことができないので、ますます核・ミサイルに頼らざるを得ないことになる。こうしてさらに核・ミサイル開発に資金を集中するということが起こってきたのではないかと思います。

確かに北朝鮮の貿易は減り、表向きの外貨収入は減少しています。しかし北朝鮮はそれに対して、ハッキングをしてセキュリティの弱い銀行から外貨を移動させたり、あるいはもっとセキュリティの弱い仮想通貨を移動させているようです。

昨年一〇月初めには、金正恩が「核が完成した」と言ったと伝えられています。素直に読めば「核は完成したから次は経済を中心にします」と読めるのですが、「完成したから次は使う」とも読めるわけです。あるいは完成したからもはや実験は必要ありません、ということかもしれません。

北朝鮮は経済破綻しているのかどうかですが、経済破綻をどうみるかだと思います。二一世紀の近代国家という観点からすれば、もう経済破綻していると思います。国が国民の最低限の生活も保障できないという意味において経済は破綻しています。日本は第二次世界大戦後もなんとか乗り切れたのだからという話がありますが、私は北朝鮮の話をする時には、あまり自分達の基準で考えない方が良いと考えています。

例えば、アメリカや日本の基準からしたら、すぐにでも北朝鮮の体制が崩壊するのではないかとの観測がありました。しかし私は、「江戸時代だって『農民を生かさぬように殺さぬように』で二六〇年続いたでしょう。今の北朝鮮が江戸時代だと思えば、まだ続くかもしれませんよ」と話しています。

ただし北朝鮮の人達は明らかに体格が小さいです。カロリー不足が影響しています。だから今、南北統一したとしても、どの人が南出身でどの人が北出身の人かというのが一目で分かります。反対に言えば、基礎カロリーが少なくても済むようになっています。

つまり、国家としては経済は破綻しているけれども、九〇年代の「苦難の行軍」を生き抜いた人達は自分達で生きる術をなんとか見つけ出しているという状況なのではないかと思います。

西側に住んでいる我々からしますと、虐げられて貧困にあえいでいる人達の不満が体制を揺るがすことになるのではないか、なぜそうならないのかと不思議に思われるかもしれません。しかし、不満を持っている人達はその日を生き抜くことだけで精一杯ですので、なかなか不満を上にぶつけることができないのです。あるいは監視体制がある中で横の連帯ができないので、大きな力にはなっていかないという状態だと思います。

●中国の経済制裁はどうなっているのか

こういう現状がこれまで続いてきたので、中国やロシアは真面目に制裁をしてきたのかと、疑問に思われている方もいらっしゃるでしょう。

ロシアとはもともと取引量が非常に少なく、影響力はそれほどありません。ソ連時代には北朝鮮の貿易相手の半分以上がソ連でした。ところが、ソ連が崩壊したあとはほとんど貿易がありません。新聞などで「石油製品が去年に比べて何十倍も増えた」というような報道がされましたが、貿易統計をみるとたかだか四〇〇〇トンにすぎません。その石油製品もコールタールにしかならないような瀝青油《れきせいゆ》です。北朝鮮は重油からガソリンをつくる技術を持っているというような報道がなされたこともありますが、そんな非科学的なことがあるはずがありません。原油からガソリンなどの軽油を精製して残ったのが重油ですから、実験室レベルではあり得るかもしれませんが、必要量を賄えるほどではないのが現実でしょう。もう一つ、ロシアの対北朝鮮の重油価格は他国への輸出価格と比べて二倍になっています。そうすると、確かに重油などが輸出されていますが、北朝鮮の経済を決定的に良くするには程遠いことがわかります。

中国について言えば、私は中国は制裁を実施していると思います。中央は少なくとも実施しています。でも中国には、「山高ければ皇帝遠し」あるいは「上に政策あれば下に対策あり」という言葉がありまして、この言葉通り、地方に行けば行くほど中央の命令を聞きません。また遼寧省や吉林省は北朝鮮と国境を接しているのですが、朝鮮族の人達もたくさんいて、北朝鮮と取引をすることを生業にしている人達もいます。その人達に北朝鮮との取引をやめろと言っても、生活の保障をしてくれない限り生業をやめるわけにはいかないのではないでしょうか。

中朝関係はどうなっているのでしょうか。以前、中朝関係は「特殊な関係」と言われていました。社会主義国同士の党と党の関係がある場合を指します。ただし中韓国交樹立以降、中朝関係も「普通の関係」になりました。

実は特殊な関係の時代にあっても、中国の文革中には両国の駐在大使が自国に引き上げたこともありました。一九八〇年代に北朝鮮は核開発を決めたと言われていますが、なぜ北朝鮮は核開発をしようとしたのかといえば、「大国主義の干渉を排除するため」でした。大国主義者というのは中国のことを指します（修正主義者というのはソ連です）。一九八〇年代の両国関係が「良かった」はずの時代に、北朝鮮は中国の干渉を排除するために核開発に着手したということです。

それでは中朝の経済関係はどうなっているのか。次頁の図に示したように、一見すると一九九〇年代になって中国の輸出が増加しています。このため「中国は北朝鮮に特別の配慮をし

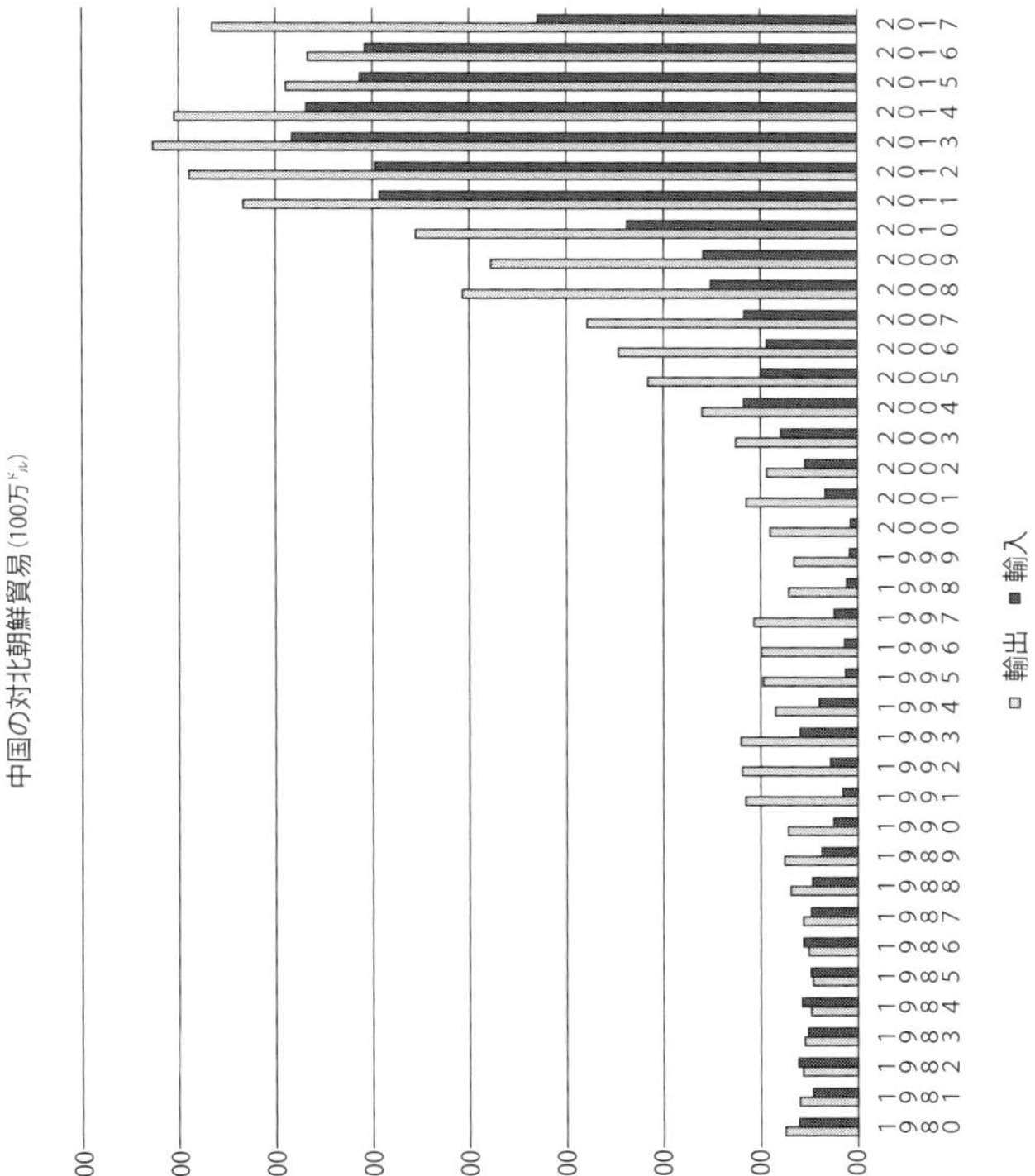

（出所）『中国経済年鑑1982』『中国海関統計年鑑』Global Trade Atlas

ていた」と唱える方がいますが、それは違います。一九八〇年代までは清算勘定方式でしたが、それがハードカレンシー決済になったことによって、中国の輸出額が増えているように見えているにすぎません。

清算勘定方式というのは、帳簿上で輸出入のバランスが取れるようにするもので、そのため中朝間ではある意味で貿易額を操作していました。例えば、中国から北朝鮮への原油の輸出価格は国際価格の七分の一から三分の一と非常に安い「友好価格」で、食糧も「友好価格」で輸出していました。こうすることで貿易額のバランスを取っていたのです。

それがハードカレンシー決済になり、友好価格も廃止されたことによって、原油や食糧の価格は国際価格になり、輸出「額」だけが増えました。原油の輸出量は一九八〇年代には一〇〇万トンから一五〇万トンぐらいで推移していましたが、徐々に減少して五〇万トン台にまで減少しているのに、額だけは増えているわけです。

一九九〇年代から二〇〇〇年代の初めにかけて、中国の北朝鮮への出超額が輸入額より多いという状況でした。この状況が変わったのは、中国が国家プロジェクトとして吉林省に長吉図開発開放先導区をつくってからです。長吉図開発開放先導区というのは、吉林省を中心として、モンゴルや北朝鮮も含めた開発計画をつくっていくというものです。北朝鮮との関係でいえば、鉄鉱石や石炭の開発輸入をする、あるいは繊維製品の委託加工を行うプロジェクトがあり、トラックや採掘機械、ミシンなどが北朝鮮に輸出され、北朝鮮で採掘された石炭や鉄鉱石、縫製品が中国に輸入されていくことで、貿易額が急激に増えました。しかし現在、国連の経済制裁で、開発輸入や委託加工貿易が減っています。

二〇〇三年に中国は六か国協議の議長国になりました。中国は改革開放後「韜光養晦《とうこうようかい》政策」をとっていました。「韜光養晦」の本来の意味は「才を隠して現さない」というものですが、鄧小平は「中国が実力をつけるまでは、国際社会で目立たないようにする」意味で使っていました。その方針を変えてまで中国は六か国協議の議長になりました。

その後、六か国協議がうまく進まないことで、中朝関係がすぐに悪くなったのかというとそうでもありません。胡錦濤政権の時代には「先経貿」すなわち「経済貿易関係を優先させます」ということで、二〇〇九年には北朝鮮が核実験をしたにも関わらず、中朝の国交樹立六〇周年ということもあって、温家宝総理（当時）が訪朝して、鴨緑江《おうりょくこう》に架かっている橋を新たに建設するなどの大型援助を約束しました。

●習近平時代になって中国には変化がみられた

それが習近平時代になって「先非核」になっています。このためもあるのか、習近平は訪朝よりも先に訪韓しましたし、常任理事国・中国は国連の北朝鮮への制裁決議については棄権ではなくて賛成票を投じています。

習近平政権になってから、北朝鮮の核実験に対する中国の拒否反応が非常に強くなりました。中国は北朝鮮をかばっているのではないかという言い方をする方が多いのですが、実際にはかなり強い調子で北朝鮮を非難しています。

例えば、二〇一三年二月に北朝鮮は三度目の核実験を行いましたが、その直前、「環球時報」という中国共産党の「人民日報」系列の新聞は、「もし朝鮮が三度目の核実験をするなら、その代償を払わなければならない」と警告しました。それでも強行されたということで、実際に各種の援助を減少させました。「環球時報」は二〇一四年一二月、「朝鮮を捨てることはあり得ないという見方に同意できない」とまで述べています。二〇一七年四月、中国は北朝鮮が六度目の核実験をするなら石油貿易を制限すると表明し、実際にこれまでにない措置を取りました。

これに対して北朝鮮は「米国の笛に踊らされている」と中国を批判します。しかし北朝鮮が核を持つことは中国の国家利益に反するというのが、中国の基本的な立場です。アメリカに言われたから制裁をするというのでないのです。

とはいえ、中国にとって、北朝鮮が崩壊するのは困るのです。民族問題と核物質・核技術の拡散という二つの問題があります。

民族問題というのは単に難民が来るというだけの問題ではありません。中国は非常に厄介な問題を抱えています。それは少数民族アイデンティティーの問題です。はっきり言って、中国の朝鮮族の人達は北朝鮮の人達に対して、普段は「上から目線」で接しています。しかしそこに第三者、すなわち漢民族がからんで来ると、たちまち朝鮮民族アイデンティティーが生まれます。北朝鮮から難民がやってくると、中国にいる朝鮮民族の人達と結びつく可能性があります。下手をすると韓国の人達とも結びつくかもしれません。そうすると、これは朝鮮民族だけの問題にとどまらない可能性もでてきます。

中国はウイグル族やチベット族など五五の少数民族を抱えています。少数民族が多く住む自治区の多くは国境付近にあります。朝鮮民族アイデンティティーは、他の少数民族にも飛び火して、少数民族アイデンティティーを掻き立てる可能性がありますので、なんとかして避けなければなりません。中国では「大一統（王者の統合を尚ぶ）」の概念があり、どこかで独立運動が起こるようなことは決して認めることはできないのです。

核物質・核技術の拡散も問題です。もし北朝鮮が崩壊し、誰も管理する人がいなくなった時に、例えば核技術が中央アジアなどに流出するかもしれない。もしかするとすでに核技術者の人達がどこかの国にスカウトされ、北朝鮮は外貨を得ているのかもしれませんが、中国にとって核技術が拡散することは到底容認できないできたわけです。

北朝鮮が崩壊した場合、この二つのことが起こり得ます。そのため中国は、決定的には北朝鮮を締め付けることができないわけです。

これに加えて、昔から「中国は在韓米軍がいる韓国と国境を接したくないから、北朝鮮が崩壊しないよう擁護しているのではないか」とよく言われます。ここには変化があるかもしれません。

二〇〇〇年代の初め頃、吉林省のある方が「朝鮮半島の北と南が反対の位置にあってくれれば良かった。韓国と中国、吉林省が接していれば、吉林省は中国経済のスターになれたのに」という言い方をしていました。経済の面から見る限りにおいて、中国は韓国と国境を接しても何ら問題はありません。現在の中国は、経済的にさらに自信をつけていますので、韓国資本や韓国人がいくら来てもびくともしません。

もしかすると、THHAD設置をめぐる攻防でも分かるように、中国は韓国より完全に上位に立っていると思っているのではないでしょうか。中国は利用できるものは利用してやろうという状況です。だから、これまでの観測と異なり、在韓米軍がいる韓国と国境を接しても中国にとってほとんど問題はありません。中国が最近、経済制裁に真剣に取り組んできたのは、こういう変化の反映でもあるではないでしょうか。

●米朝首脳会談に向けた動きとその結果

冒頭述べましたように、二〇一八年になって、北朝鮮をめぐる状況は大きく変化しました。なぜ事態は動いたのか。二〇一八年の「新年の辞」には、「生存を脅かす制裁や封鎖による困難な生活の中でも」核開発と経済発展の並進路線を続けるのだという言葉があります。もちろんこの文章の力点は「並進路線を続ける」ことのほうにあるのですが、奇しくも制裁や封鎖によって北朝鮮に困難な生活がもたらされていることを認めたことになります。

北朝鮮に困難さをもたらした要因の一つは経済制裁ですが、これまで述べてきたように、中国が本格的に制裁を行ったことが大きかったと思います。北朝鮮の貿易のうち九割は中国でした。原油については中国が二〇一四年から統計に計上していないので、実態は分かりません。しかし、沖合で船から船に積み荷を積み替える「瀬取り」が危険をおかしてまでも頻繁に行われるようになったのは、それだけ原油が不足していることの現れだともいえますので、中国がゼロではないにしても、かなり輸出を減らしたのは確かです。石油製品の輸出については、二〇一七年一〇月からは、それ以前の一割以下の水準になっています。中国の対朝輸入でも石炭、鉄鉱石、鉛・亜鉛・銅などの非鉄金属は、二〇一七年九～一〇月以降、軒並みゼロになっています。前述の要因もあり、北朝鮮は中国が本気になって制裁するとは思っていなかったのではないかと思いますが、中国が本気になって制裁を行う中、路線を変更しないわけにはいかなくなりました。

南北首脳会談を前にした三月二五日に金正恩委員長が訪中し、中朝首脳会談が行われました。実はそれより二週間前、「環球時報」に、北朝鮮に対してきびしかったそれまでの同紙の論調とは全く異なる文章が掲載されていました。そこでは、「中朝間には核問題以外は不一致点がない」とまで述べていたのです。案の定、金正恩委員長が訪朝しました。その後、五月二、三日には王毅外相が訪朝、さらに同七、八日には金正恩委員長が再訪中を果たし、習近平主席と会談しています。

この時、両者の肩書として、国家と党の二つの肩書が並列して報道されていました。中朝関係は、一九九二年の中韓国交樹立により、社会主義国同士の「党と党の特殊な関係」から、他の国交を有している国と同じレベルの「普通の関係」になっていたのですが、再び党と党の友好関係が重要視され、「特殊な関係」になったわけです。

米朝首脳会談を前に、北朝鮮としては、米国主導の平和や米国の力に屈した形で「非核化」に応じることにはしたくなかったでしょう。一方の中国にとってみれば、東アジアの、さらには世界の盟主となるためにも、北朝鮮のメンターとしての役割を、米国や世界に知らしめなければならなかったわけです。なお米朝首脳会談後の六月一九～二〇日に金正恩は三度目の訪中をしました。それを受け六月一九日の「環球時報」社説は、両国は新型の戦略的パートナーシップになると報じています。戦略的パートナーシップの定義としては「双方が国家の安全の利益を土台として協力し、全体・全局・核心的利益において一致していることが必要」であるされていることからすれば、両国関係は一段と発展することもあり得ます。ただし両国が「戦略的パートナーシップである」ということは習近平・金正恩の会談ではでてきていません。

さらに北朝鮮は、中国の経済協力もとりつけています。こうして北朝鮮は、「経済制裁に音を上げて」米朝首脳会談の場に出席するわけではないという立場をとれるようになりました。また非核化の手順についても、中国は「段階的な非核化」に賛成の立場をとっていて、五月の中朝首脳会談のあとに、習近平主席はトランプ大統領との電話会談で、その旨をはっきり述べています。

四月二七日に行われた南北朝鮮の首脳会談では様々な宥和のムードが演出され、「板門店宣言」がだされました。そこでは朝鮮半島の非核化や、朝鮮戦争の終戦宣言をし、休戦協定を平和協定にする、という項目も含まれていました。朝鮮半島の非核化ということは、韓国も含まれているわけで、在韓米軍が持ち込んでいるかもしれない核兵器、原子力潜水艦、さらには在韓米軍自体も問題になる可能性も含んでいます。ついでにいえば、二〇〇三年から始まった中国を議長国とする六か国協議も、朝鮮半島の非核化を目的としていました。

米朝首脳会談まで一か月を切った五月一六日になって、突然北朝鮮は態度を硬化させます。五月一一日から行われていた米韓合同軍事演習にB52や最新鋭ステルス戦闘機も参加していることを口実に、前日に北朝鮮から提案した南北閣僚会談の中止を通告しました。それとともに金桂寛第一外務次官は、ボルトン大統領補佐官が「リビア方式」で北朝鮮に非核化を行うという発言をしたことを非難し、米朝首脳会談の中止をにおわすようになりました。ボルトン大統領補佐官が「リビア方式」に言及するのは、この時が初めてではなかったのに、突然非難が始まったわけです。ボルトン補佐官は「先非核、後補償」でなければならないと述べています。

北朝鮮はリビアやイラクは核を保有していなかったから、カダフィ大佐やフセイン大統領が滅ぼされてしまったのだと思っています。また北朝鮮はすでに「核保有国」であり、計画段階にすぎなかった当時のリビアとは状況が異なっていることを強調していて、「リビア方式」は最も嫌っていた言葉です。

米国としては、この四半世紀、北朝鮮が非核化を約束しては、経済的な補償を得、時間稼ぎをして核開発を行ってきたことから、時間稼ぎを許さずＣＶＩＤ（完全かつ検証可能で不可逆的な非核化）を迫っていたわけです。しかし、実際には短時間にといっても非核化には時間がかかり、北朝鮮が正直に申告したとしても非核化の検証にはさらに長い時間がかかるわけで、米朝間の言葉の応酬にすぎない面もありました。

一方、北朝鮮は五月二四日には豊渓里の核実験場を爆破しましたが、それを米中露英韓の記者団に取材させました。ただし坑道にどのような放射性物質が残留しているかなどを測定するための専門家は招かなかったことから、実際にどの程度の核物質があったのかは分からないままでした。すでに使い物にならなくなっていた実験場を爆破したのではないかとの疑惑も残りました。

北朝鮮の態度の硬化を受け、トランプ大統領は米朝首脳会談の中止を発表したのですが、それに対しすぐさま金桂寛第一外務次官は「思いがけないことであり、非常に遺憾」とコメントしました。トランプ大統領はすぐさま態度を軟化させ、さらに北朝鮮の金英哲副委員長の訪米を受け、六月一日には正式に同月一二日にシンガポールでの米朝首脳会談を行うことを発表しました。

六月一二日には、まず通訳を交えただけのトランプ大統領と金正恩委員長の一対一の会談が行われ、閣僚を交えた四対四の会談が行われました。さらに午後には当初公表されていなかった合意文書の調印が行われ、夕方にトランプ大統領一人の記者会見が行われました。

合意文書の内容は、①米朝関係の正常化、②朝鮮半島の平和体制保証、③朝鮮半島の完全な非核化、④朝鮮戦争の際の米兵の遺骨送還、です。非核化については北朝鮮の非核化ではなく朝鮮半島の非核化であり、ＣＶＩＤという言葉は盛り込まれていませんでした。つまり二〇〇五年の六か国協議での合意文書の水準にも達していなかったことになります。首脳会談の決定から実際の首脳会談まで三か月しかなく、事前準備が不十分であったことや、会談直前になってトランプ大統領が、会談の成果に関してハードルを下げるような発言を繰り返していたことから、この結果はある程度予想されたこととはいえ、金正恩委員長の「非核化の意思」の確認にとどまったわけです。

記者会見の席上でトランプ大統領は、ＣＶＩＤという言葉は盛り込まれなかったものの、米国と国際機関による検証は行うと述べています。さらに「非核化のプロセスはまさに始まった、来月にはポンペオ国務長官との間で交渉が行われる」として、その後、会談の翌週からポンペオ国務長官が詳細をつめる交渉をはじめるとの発表がありました。

さらにトランプ大統領は記者会見の席上で、米韓合同軍事演習について、「費用がかかるから」として、米朝の話し合いが続いている間は中断すると発表しました。また在韓米軍については、すぐにではないが、いずれ撤退することもあるかもしれないとも述べていました。

しかし非核化をめぐっては、北朝鮮からは「段階的な非核化」で合意し、経済制裁の解除が非核化の条件である、との発表があり、米朝双方の解釈の齟齬が見られました。

なおトランプ大統領は「拉致問題」についても会談の場で取り上げたとし、金正恩委員長はこれまでの「解決済み」との態度はとらなかったということでした。これを受けて日朝首脳会談が行われるのではないかとの観測も日本では出始めています。ただし六月一五日の国営ラジオ平壌放送では、再び「拉致問題は解決済み」と放送されたとのことですので、首脳会談を行うのであれば、トランプ流ではなく、事前に事務折衝をしっかり行っておかないと、納得のいく回答を引き出せない可能性が高いことになります。

●米朝首脳会談後の北朝鮮の経済問題

経済制裁については、六月一四日に日米韓の外相会談を行ったあとの記者会見で、ポンペオ国務長官は「北朝鮮が完全に非核化するまでは国連の経済制裁を緩和することはない」と語っています。しかし一方で、韓国は四月二七日の南北首脳会談の際に、文在寅大統領が「朝鮮半島の新経済地図」構想について記されたUSBを金正恩委員長に渡したといいます。「朝鮮半島の新経済地図」とは二〇一七年九月に韓国が発表した構想であり、南北間の鉄道建設をはじめ、南北間の経済協力が記されていて、南北首脳会談後の五月一七日に青瓦台で開催された韓国の国家財政戦略会議の席上で、文在寅大統領は「朝鮮半島の新経済地図」を具体化するための財政準備をするようにとの指示を出しています。

中国も徐々に経済制裁を骨抜きにしているようです。五月一四日から北朝鮮の親善視察団が中国共産党の招待により訪中し、中国のシリコンバレーと呼ばれている北京の中関村や農業科学院など、中国の改革開放の現場を視察させています。北朝鮮では四月三〇日に「経済発展のための連席会議」が開催され、この会議で「人的・物的・技術的な潜在力を総動員した強力な社会主義経済建設について話し合われた」のですが、いよいよ北朝鮮は経済発展に力を入れ始めたようです。中国は北朝鮮の経済発展を側面援護するようです。果たして北朝鮮は中国式改革開放を行うのでしょうか。

北朝鮮の経済発展方式が「中国式」改革開放政策になるか否かはわかりませんが（というより

も、何をもって「中国式」というのでしょうか。中国が改革開放政策を始めて早四〇年がたっています。中国の改革開放政策は多岐にわたっています）、これまでの「なし崩しの市場化」を体系的な市場化とするのは確かでしょう。むしろ「中国式」で見習うべきは、中国が「民主化なき」市場化を遂げ、高度成長を成し遂げたことかもしれません。かつて「アジアの四匹の龍」といわれたＮＩＥＳをはじめ中進国になると民主化が進むという経験則は、中国にはあてはまっていません。この中国の経験こそ北朝鮮にとって有用となるはずです。

非核化についていえば、「完全に」行うことは難しい。たとえ北朝鮮が正直にすべてを申告したとしても、それ以外に核兵器や核物質がないかを検証しなければなりません。また廃棄のための費用もかかります。トランプ大統領は韓国と日本、場合によっては中国もその費用を負担すべきであり、北朝鮮から遠く離れた米国は負担しないと公言しています。

ミサイルについては、ＩＣＢＭ（大陸間弾道ミサイル）の廃棄は行われるかもしれません。北朝鮮はＩＣＢＭの開発に成功したといっていますが、ロフテッド軌道での打ち上げ実験のみであり、大気圏再突入の際の弾頭の耐熱性などのデータが十分とれているかどうかは分かりません。このため米国からミサイルの廃棄を迫られれば、ＩＣＢＭの廃棄を行うことで、矛先をかわすことができます。トランプ大統領にとっても、ＩＣＢＭという自国の安全を脅かすミサイルがなくなれば、それで良しとするかもしれません。

二〇一七年に高まった戦争への脅威はひとまず沈静化しました。これからは北朝鮮が非核化までの時間稼ぎを行わないように、北朝鮮を取り囲む国々、米国、中国、韓国、日本は、そして米中に負けず北朝鮮への影響力を強めようとしているロシアも含めて、北朝鮮の非核化に協力していかなければなりません。ただし米国と中国の貿易戦争が始まれば、トランプ大統領と中国の双方が取引カードとして、北朝鮮問題を持ち出すこともあり得、周辺国の結束が乱れる可能性も高くなります。貿易戦争でいえば、米国は日本や韓国もターゲットにしていることから、北朝鮮を「取引」の材料にさせないようにしなければなりません。北朝鮮の非核化の実現には長い時間と不確定要素が残っています。

北朝鮮の経済はどうなるでしょうか。

国連の経済制裁はまだ解除されていませんが、韓国や中国はすでに経済協力に動きだしています。資本不足を補うためには外資の導入が欠かせません。鉄鉱石や非鉄金属などの鉱産物、労働集約産業の委託加工貿易などが有力な外貨獲得産業となります。ただし電力や道路といったインフラの整備がなされないと、産業の全体的な発展は難しい。さらに北朝鮮の発展を阻むのは、老朽化した設備があるためにその除去にも費用がかかることです。

また獲得した外貨を総て民生用に回せるとしても、金主などに偏った配分がなされるようなことがあれば、現在以上に貧富の格差が大きくなります。いずれ所得税などの導入も必要になってくるでしょう。また現在のような「なし崩しの市場化」ではなく、金融や流通などもシステマティックに行われることが必要になります。情報の解禁も必要になってきますし、人々のやる気を刺激する制度も必要です。

北朝鮮の経済発展のために一番重要なことは、非核化の行程が進み、国連の経済制裁が解除されることです。ただし非核化およびその検証には長い時間がかかります。非核化が進んでいるか否かをどのように見極め、いつの時点で制裁解除案が提出されるのか、解除されるまで国連の経済制裁を綻びないように続けられるのか、難しい局面が続きます。

編著者プロフィール

柳澤協二（やなぎさわ・きょうじ）
東京大学法学部卒。防衛庁に入庁し、運用局長、防衛研究所所長、内閣官房副長官補などを歴任。現在は「自衛隊を活かす会」代表、国際地政学研究所理事長。

太田昌克（おおた・まさかつ）
早稲田大学政治経済学部卒、政策研究大学院大学で博士号。共同通信社に入社し、広島支局を皮切りに外信部、政治部、ワシントン特派員などを歴任。現在は同社編集委員・論説委員、早稲田大・長崎大客員教授。

冨澤暉（とみざわ・ひかる）
防衛大学校卒。陸上自衛隊第1師団長や北部方面総監、陸上幕僚長などを歴任。隊友会副会長などののち、現在は日本防衛学会顧問、東洋学園大学名誉教授。

今村弘子（いまむら・ひろこ）
東京大学教養学部卒。日本貿易振興会（ジェトロ）入会ののち、在中国日本大使館勤務を経て、富山大学教授・同大極東地域研究センター長。現在は同大名誉教授。

自衛隊を活かす会（「自衛隊を活かす：21世紀の憲法と防衛を考える会」）
2014年に結成。呼びかけ人は柳澤協二（代表）、伊勢﨑賢治、加藤朗。現行憲法下での自衛隊のあり方を探り、活かすことを目的に活動している。

米朝首脳会談後の世界
——北朝鮮の核・ミサイル問題にどう臨むか

2018年7月25日　第1刷発行

発行者　竹村正治
発行所　株式会社　かもがわ出版
〒602-8119　京都市上京区堀川通出水西入
TEL 075-432-2868 FAX 075-432-2869
振替　01010-5-12436
ホームページ　http://www.kamogawa.co.jp
印刷所　シナノ書籍印刷株式会社

ISBN978-4-7803-0972-0　C0031